刑事政策制度化研究

Ius est ars boni et aequi

朱 贺——著

法律出版社 LAW PRESS · CHINA
——北京——

图书在版编目(CIP)数据

刑事政策制度化研究 / 朱贺著. -- 北京 : 法律出版社, 2022

ISBN 978-7-5197-7182-9

Ⅰ. ①刑… Ⅱ. ①朱… Ⅲ. ①刑事政策-研究-中国 Ⅳ. ①D924.04

中国版本图书馆 CIP 数据核字(2022)第 191016 号

刑事政策制度化研究
XINGSHI ZHENGCE ZHIDUHUA YANJIU

朱 贺 著

策划编辑 似 玉
责任编辑 似 玉
装帧设计 汪奇峰

出版发行 法律出版社
编辑统筹 法律应用出版分社
责任校对 晁明慧 王 皓
责任印制 刘晓伟
经 销 新华书店

开本 710 毫米×1000 毫米 1/16
印张 13.5 **字数** 201 千
版本 2022 年 10 月第 1 版
印次 2022 年 10 月第 1 次印刷
印刷 唐山玺诚印务有限公司

地址:北京市丰台区莲花池西里 7 号(100073)
网址:www.lawpress.com.cn
投稿邮箱:info@lawpress.com.cn
举报盗版邮箱:jbwq@lawpress.com.cn

销售电话:010-83938349
客服电话:010-83938350
咨询电话:010-63939796

书号:ISBN 978-7-5197-7182-9
定价:52.00 元

凡购买本社图书,如有印装错误,我社负责退换。电话:010-83938349

序　言

《刑事政策制度化研究》是我给朱贺的命题作文，本书是在他同名博士论文的基础上修改扩充而成的。在本书付梓之际，作为命题人，理当对此选题的缘由补白几句。

中西语境中的刑事政策差异显著。国人熟知的刑事政策，如镇压与宽大相结合、惩办与宽大相结合、严打或者宽严相济等，具有高度概括的特点，近乎口号或行动纲领。而西方语境（以德国法为代表）中的刑事政策，无论是费尔巴哈、李斯特，抑或安塞尔、戴尔玛斯的界定，均具有强烈的思辨色彩，理论性很强。然而无论中西的表达如何不同，刑事政策均为治国方略中治理犯罪的学问，属于治理艺术（art of governance，art de gouverner）的范畴。学界公认的是，现代刑事政策兴起于欧陆民族国家法治化的进程中，费尔巴哈最早提出了刑事政策的概念，将其界定为“立法国家的智慧”，或者奉为“理性法”，后李斯特将其发扬光大，并力推“刑事政策的刑法化”（刑法是刑事政策不可逾越的樊篱）。由此可得出两点结论：一是刑事政策不同于刑法，居于刑法的上位；二是刑事政策是隐形的，因而必须“出窍”，必须制度化。在中国悠久的历史长河中，相对于法律，政治或政策一直处在优势地位，甚至可以替代法律；即便进入有法或者法治的时代，政策也始终是法律的“灵魂核心”，代表了立法的原意和精神。这与“规则之治”的法治多少有些不和谐。因此，在全面推进依法治国的新语境中，刑事政策的制度化就是一个宏大的话题。

何为制度化？何为制度？相较于理论界的众说纷纭，我更加认可邓小平同志的表达。他老人家多次强调，领导制度、组织制度问题更带有根本性、全局性、稳定性和长期性；制度问题关系到党和国家是否改变颜色，必须引起全党的高度重视；还是要靠法制，搞法制靠得住些。我的理解是，所谓灵魂“出窍”，政策从抽象变具体，从政策治国到依法治国，从法制到法治，就是制度化的过程。当然，辩证地看，制度化也并非一个从抽象到具体、从政策到法律的单向过程。现代国家的治理是一个极其复杂的系统，政策、法律乃至其他规范制度都是不可或缺的，它们相互依存，相辅相成，共同作用，共同演进。当一定时期的国家意志或执政党的政策制度化（主要是体现为法律）之后，制度化的使命并没有就此完结，而是进一步延伸到制度的运作或者法律实施的过程之中，演化为灵魂与躯壳、实质与形式、政策与法律等更为复杂多样的矛盾冲突。以刑法立法为例，一定时期的犯罪治理智慧表达为成文法之后，即具有了正式制度的特性，在具备制度一切优点的同时也必然带有制度的所有缺陷，如成文法因其先天的滞后性，在复杂多变的犯罪现象面前难免有时会捉襟见肘、心有余而力不足，此时，成文法的缺陷不足如何弥补？法律语词背后的精神内涵如何填充更新？“灵魂”该如何影响或制约“出窍”以后的规则制度？规则制度背离“灵魂”或立法精神的当如何应对？规则制度又该如何影响或制约“灵魂”？凡此种种，均属刑事政策制度化的命题范围。

刑事政策制度化是个跨学科的命题。犯罪是一种反社会行为，为了应对犯罪，国家和社会需要借由刑事政策学的研究为犯罪治理提供系统、科学的对策。基于犯罪现象不断发展和变化的客观现实，刑事政策的研究需要在治理理念和治理模式上与时俱进、不断创新，如此方显“魔高一尺道高一丈”，否则会陷入相反的境地。特别是在后疫情时代，我国不仅面临经济增速放缓后的社会治理压力，更要应对愈加复杂和多变的国际形势，犯罪治理的重要性不言而喻。每一个犯罪现象背后都有诸多社会原因盘根错节，对这些剪不断理还乱的问题的治理，必须从多角度、综合多学科的知识进行分析。

本书首先阐述了刑事政策制度化的概念。刑事政策学现今已然成为一门显学。虽然关于刑事政策的概念有最广义、广义及狭义的学术争议，但本书认为刑事政策的研究应秉持两个基本立场：以广义刑事政策观为视角，以犯罪学的研究成果为基础。此外，新制度经济学、公共选择理论以及中国特色社会主义法治理论都为本书提供了理论基础。新制度经济学起源于对传统经济学中“理性人”假设的质疑，并提出应依靠制度建立秩序。“制度”一般是指要求大家共同遵守的办事规程或行动准则。社会学上所讲的制度化（institutionalization）是指群体和组织的社会生活从特殊的、不固定的方式向被普遍认可的固定化模式的转化过程。基于此，本书对刑事政策制度化的定义是：通过制度构建的方式将刑事政策转化为具体的制度，建立法治化的犯罪治理制度体系。

本书其次探讨了为什么要将刑事政策制度化的问题。党的十五大提出“依法治国”的命题，十六大确立了“依法治国”的基本国策，十八大提出全面推进依法治国，标志着我国要在一切领域推进“依法治国”，建设真正的法治国家。“依法治国”的核心理念是依靠规范治理国家，将国家的一切行为置入规范体系中，而刑事政策作为国家制定的一项治国政策，也必须同步纳入规范体系，践行“依法治国”的要求。

本书再次阐释了如何将刑事政策制度化，并从刑事政策的制度、实施以及路径选择三个方面进行考察与分析。本书主张，对于核心的刑事政策应当在宪法中予以确认，从源头上将刑事政策纳入宪法的规范范围；对诸如党规党纪与法律的衔接、死刑政策等问题也应尽可能通过制度化的方式解决；同时，还要将具体刑事政策制度化为一系列详尽、完善的规范，建立具有可行性并符合法治原则的制度，使具体刑事政策发挥实效。

本书最后对“宽严相济刑事政策”制度化的成果进行总结和反思，同时对未来我国刑事政策制度化进行展望。“宽严相济刑事政策”已经成为我国的基本刑事政策，同时在刑法修订完善的过程中起着指导思想的作用。我国已在立法、司法、执法等方面进行了一系列的制度创新，具体体现为刑事政策的刑法化、犯罪的分层、刑事程序的分层以及行刑二元化等，但是仍然有大量未完成的制度化工作需要继续推进。未来我国应加快制度创新，深化党规党纪制度化，完善刑事速裁程序制度化，完善认罪认罚从宽政策制度，最终实现犯罪治理的科学化与法治化。

鉴于这一话题的宏观性、跨学科性和辩证性，刑事政策制度化的研究无疑需要极大的勇气、多学科的知识储备、理论和实践两条战线的同时发力。就此而言，朱贺博士的探讨虽然是初步的，是开篇，但是后生可畏，勇气可嘉。希望他的研究能够不断深入，也希望各界多多关心支持，以共同推进刑事政策制度化的理论研究和实践探索。

是为序。

卢建平

2022 年 5 月 15 日于北京时雨园

目录

导论　将刑事政策变成一种好制度

一、研究缘起

犯罪是一种反社会行为，治理犯罪的刑事政策乃是“治道”的学问，[①] 是治国的基本理念与方略。无论是古典经济学的意志自由理论，还是旧制度经济学的“经济人”理论，都假设行为人会在行为时做出合乎理性的判断和选择。[②] 本益比较法揭示了犯罪人只有在利大于弊的情况下才会犯罪，但是在现实生活中，有些人明知其行为弊大于利或得不偿失仍铤而走险，或者精于本益分析的人中只有那么一小部分人沦为犯罪人。这些现象单靠以“经济人”为模型的方法显然无法解释清楚。[③] 因为根据新制度经济学的研究，由于人的认识的局限性，行为人不可能在行为时认识

---

① 参见卢建平：《作为“治道”的刑事政策》，载《华东政法学院学报》2005 年第 4 期，第 58 ~ 60 页。

② 参见杨春学：《经济人与社会秩序分析》，上海三联书店、上海人民出版社 1998 年版，第 45 页。

③ 参见［印］阿玛蒂亚·森：《伦理学与经济学》，王宇、王文玉译，商务印书馆 2000 年版，第 32 页。

到或计算出所有的选择,[①] 进而从中挑选出最优选择指导自己的行为。[②] 因此，无论是基于“意志自由”还是“经济人”假设而设计出的一般预防措施，其效果必然大打折扣。新制度经济学提出要重视制度的重要性，制度对人的行为的规范效果要优于法律规范。现今我国刑事政策的研究缺乏体系性与预见性，往往只是就事论事而无自己独特的研究方法和体系。刑事政策的研究不应该只是为别的学科做注脚。刑事政策的研究和应用都应形成完善的制度。制度经济学的研究也表明，只有完善的制度才是最可靠的预防手段。这种预防制度的建设，由于内容的广泛性已超出刑法学的研究领域，自然地成为刑事政策学最理想的研究对象。本选题尝试将刑事政策学与制度经济学研究紧密结合，并侧重于运用制度经济学的理论工具和研究方法对刑事政策学展开交叉学科的研究。本选题立足于提倡刑事政策制度化的概念，对刑事政策制度化的路径进行考察和建言，并对既有的刑事政策制度化的成果与现状进行评析，在此基础之上展望刑事政策制度化的未来与前景。本书尝试将新制度经济学理论及研究方法与刑事政策学研究相结合，呼吁人们重视制度之于刑事政策的重要性，为解决犯罪这一复杂的社会问题提供可供选择的各种途径、方案和对策，以期裨益于我国刑事政策学理论的发展与完善。

改革开放之前，我国社会情况较为稳定，人民生活方式较为简单，计划经济也让人与人之间的交往变得循规蹈矩、按部就班，在这样的社会背景之下，我国的犯罪情况良好，犯罪率一直不高。随着改革开放政策的确立与深入，我国社会和人民生活发生了翻天覆地的变化。市场经济让人们摆脱了以往的束缚，人与人之间的交往开始变得频繁和复杂；生产力的提高为人民的生活提供了更多的方式和内容，同时也带来了更多的摩擦与矛盾。有所得必有所失，随着我国经济的飞速发展，我国的

---

① 参见［英］霍奇逊:《现代制度主义经济学宣言》，向以斌等译，北京大学出版社1993年版，第122页。

② 参见［英］罗纳德·H. 科斯等著、［法］克劳德·梅纳尔编:《制度、契约与组织：从新制度经济学角度的透视》，刘刚等译，经济科学出版社2003年版，第329页。

犯罪率也一路飙升，犯罪问题迅速成为影响人民生活和社会稳定最为突出的问题。为了应对汹涌袭来的犯罪浪潮，我国政府提高了对高发犯罪的打击力度，将大量的行为纳入刑法之中，扩大犯罪圈，在全国范围开展了“严打”运动。1983年、1996年和2001年的三次“严打”运动都立竿见影，起到了打击犯罪的效果，但这个过程中的一些个案也存在侵犯人权和有违法治精神的嫌疑。然而，通过“严打”治理犯罪属治标不治本的做法，因此在“严打”结束之后，犯罪形势往往迅速回转，各种犯罪死灰复燃，反而形成了越打越烈的恶性循环。

历史往往是惊人的相似。如果我们将目光投向遥远的西方，会发现一个让我们必须正视的事实：我国在改革开放之后经历的社会变革和动荡与西方工业革命时期的犯罪浪潮有许多相似之处。在西方文明付出惨痛的代价意识到症结所在之后，我们应当引以为戒，充分吸取西方国家治理犯罪的经验和教训，取其精华，为我所用。在那场席卷西方资本主义国家的犯罪浪潮中，强调犯罪结果和刑法被动性的刑事古典学派遭遇了重大挫折，他们的理论被指责为不能解决问题的无用之说。与此相对，着眼于犯罪人的刑事人类学派开始野蛮生长，迅速成为流行的学说。在此之后，对犯罪问题的研究开始更多地关注社会原因，主张从更加广阔的视角、运用更多的学科知识和方法对犯罪进行研究。在这个过程中，诞生了以提供系统、科学的犯罪对策为宗旨的刑事政策学。所以，刑事政策学先天地要求对犯罪进行广角的、交叉学科的研究。

二、研究现状

由于特殊历史原因，新中国历史上存在一段主要依靠“政策”处理国家大小事务的时期，当然也包括治理犯罪。但那时的政策很难与法国刑事政策学家马克·安塞尔口中的“观察的科学”和“斗争的艺术”画上等号，充其量只具有工具属性。在改革开放之后，上述状况得到改善。与国外交流的增多，为我国刑法学界带来了新鲜且丰富的思想和理论，西方的刑事政策理念也随之传入我国，学界认为马克昌教授主编的《中国刑事政策学》（武汉大学出版社1992年版）出版是我国刑事政策学正式开展的标志。近年来，刑事政策学成为我国刑事理论界的一门显学，1992年至今，我国学者出版的刑事政策学专著多达百部，在中国期刊全文数据库以“刑事政策”为题名精确检索，共得期刊论文1580篇，硕士学位论文210篇，博士学位论文19篇。储槐植教授曾直言：“世界上没有任何一个国家有如此多的人在研究刑事政策”，单从多视角、多学科的刑事政策研究来看，曲新久教授的《刑事政策的权力分析》（中国政法大学出版社2002年版）、莫晓宇博士的《刑事政策体系中的民间社会》（四川大学出版社2010年版）、侯宏林博士的《刑事政策的价值分析》（中国政法大学出版社2005年版）、许秀中博士的《刑事政策系统论》（中国长安出版社2008年版）、刘远博士的《刑事政策的哲学解读》（中国人民公安大学出版社2005年版）等已经较为全面展开，可以说中国刑事政策学研究已经具备了一个庞大的团队并且形成了大量成果，所以本选题注定是站在巨人们的肩膀上。在繁荣的表象下，我们还应当看到我国刑事政策学研究尚存在一定的缺憾，从制度经济学的视角下对刑事政策研究未能深入。“刑事政策制度化”是一个全新的提法，其研究的核心便是将刑事政策置于制度经济学的研究框架内，展开刑事政策与制度经济学的互动性研究，试图对刑事政策进行制度化的构造，而截至目前，我国尚无此类专著或学位论文。

我国已经有很多学者对制度经济学和制度的重要性进行了研究，如卢现祥教授所著《寻找一种好制度：卢现祥制度分析文选》（北京大学出版社2012年版），盛洪教授所著《为什么制度重要》（郑州大学出版社2004年版），以及朱苏力教授所著《制度是如何形成的》（中山大学出版社2007年版）。将经济学的相关理论应用到法学研究中早有先例，哈耶克、波斯纳等开创和发展的法经济学就是杰出的代表。然而将经济学的理论与刑事政策学相结合的研究却很鲜见。经济学对于犯罪学的重要性已毋庸置疑，而犯罪学又是刑事政策学的根基，因而经济学对于刑事政策的研究也有着直接影响。卢建平教授在其论文《犯罪经济学研究概况及其对我们的启示》中就提出对我国现行的刑事政策进行认真的反思，要树立科学、辩证的犯罪观，犯罪是不可消灭的，彻底消灭犯罪、除恶务尽的想法是不科学的。因此刑事政策的基本任务、政府的基本任务是控制犯罪而不是消灭犯罪，最有效的也是最经济的犯罪控制就是犯罪预防。虽然我国学者没有系统性地运用制度经济学理论围绕刑事政策科学化这一选题展开深入研究，但部分研究成果中已显露了刑事政策制度化研究的思想端倪。在刑事政策研究的相关文献中，国内现有的教材、专著以及译著中有“刑事政策与其他刑事学科”，以及“刑事政策的系统性”等相关章节。总体来看，国内现有的关于刑事政策的研究认识到了刑事政策的研究应形成自身的体系，强调刑事政策在刑事一体化中的重要性，并肯定对该过程制度化研究的意义，但由于篇幅（通常是一章或一节）非常有限，研究不够深入。

其中，梁根林教授在其《刑事政策：立场与范畴》（法律出版社2005年版）一书中专设“刑事政策的系统特性、结构与功能”一章，属于对刑事政策体系性和制度化研究的优秀成果，篇幅相对较大，但研究范围、理论基础和方法也未能充分地依托于制度经济学而展开，略有遗憾。在卢建平教授主编的《刑事政策学》（中国人民大学出版社2012年版）中，专门设立了“刑事政策的制定与执行”一章，他认为刑事政策的执行过程，包括政策宣传、制订计划、物质准备、组织准备、政策试点与协调监控。这些步骤或措施可以看作刑事政策制度化的一部分。但由于该书被定为刑事政策学习的基础性教材，其收录的相关内容篇幅有限，未能深入展开也是情有可原。时延安、薛双喜主编的《中国刑事政策专题整理》（中国人民公安大学出版社2010年版）一书中，也有“刑事政策的执行”等相关内容，但也未能深入展开。孙万怀在其所著《在制度和秩序的边际——刑事政策的一般理论》（北京大学出版社2008年版）一书中提出刑事政策的推行必须要妥善处理其与刑事法律适用之间的关系，刑事政策的实现必须以刑事法律的适用作为途径；刑事政策的制定规划应有系统性。

目前，国外的英文专著中并没有直接运用制度经济学的理论和方法对刑事政策展开的研究。与制度经济学相关的研究著作有：斯蒂文·G.米德玛著的《科斯经济学：法与经济学和新制度经济学》（格致出版社2010年版），柯武刚、史漫飞所著的《制度经济学：社会秩序与公共政策》（商务印书馆2008年版），A. 艾伦·斯密特著的《财产、权力和公共选择——对法和经济学的进一步思考》（上海三联书店2006年版），加里·S. 贝克尔著的《人类行为的经济分析》（上海三联书店2008年版），罗纳德·哈里·科斯著的《企业、市场与法律》（上海三联书店2009年版），约翰·康芒斯著的《制度经济学》（华夏出版社2009年版），杰克·奈特著的《制度与社会冲突》（上海人民出版社2009年版）。以上著作从多个视角和不同学科对制度的重要性进行了阐述。其中柯武刚、史漫飞所著的《制度经济学：社会秩序与公共政策》强调了制度的重要性。此外，国外也有著作阐述如何具体落实刑事政策，可以看作制度化的体现，如法国的雅克·博里康与我国学者朱琳所编著的《法国当代刑事政策研究及借鉴》（中国人民公安大学出版社2011年版）的中篇即为“法国刑事政策之落实篇”，详细阐述了预防政策、惩罚政策两类刑事政策的落实和贯彻。

三、研究中的难点与挑战

对于身处社会转型期、犯罪态势较为严重的当代中国而言，犯罪治理的实践需要刑事政策决策者和学者都仔细思考如何最大限度地发挥刑事政策作用的问题。新制度经济学已经向世人证明了，只有依靠制度才是解决问题的最有效、最可靠的方法和途径。因此，在新制度经济学视野下寻求刑事政策的制度化建构是摆在我们面前的重要课题，这一课题极具挑战性，而挑战往往是源于学术创新的追求。通常而言，迎接挑战是用来描述人类向未知领域探索的过程，而寻求创新则是人类希望获得知识增长与积淀的预期结果。客观地讲，我们对刑事政策展开的制度化建构也许未必能有“惊心动魄的跳跃”，但期盼着努力过后能有些许的创新，或者说有某些意外的收获。

“刑事政策制度化”这一选题的实质内容是将制度经济学的研究成果应用于刑事政策学中，在制度经济学的理论指导下展开研究，寻求在中国将刑事政策具体化、系统化并最终在立法、司法和执法层面构建刑事政策实现的制度化。

本研究所面临的难点与挑战：

其一，借鉴域外经验与分析自身问题相结合。在中西方文化交融的过程中，探究西方国家在犯罪治理中的先进经验已成为我们实现自我完善的有效手段，而发现中国在刑事政策上的现实问题，更是刑事政策制度化演进的根本保障。在寻求刑事政策制度构建的过程中，我们不可避免地要借鉴域外先进的理论研究成果与实践经验。但更为重要的是，我们要将刑事政策制度化研究植根于中国犯罪治理中的现实问题。可以说，借鉴域外经验与分析自身问题的有机结合将是本研究所面临的实际问题，只有同时把握好两个层面，我们才能实现理论上的自洽。

其二，新制度经济学应用于刑事政策分析的理论契合度。毫无疑问，新制度经济学的原理与分析方法是我们展开刑事政策的科学建构的理论基础，但相对于其他公共政策而言，刑事政策更为严谨，甚至可以说“保守”，“罪刑法定原则乃是刑事政策不可逾越的樊篱”，致力于犯罪治理行动与刑事制度批判的刑事政策具备不同于其他公共政策的独特品性，对这一独特品性的准确把握也将会影响到我们应用新制度经济学的原理与分析方法对刑事政策展开制度化建构时的理论定位。

其三，刑事政策模式分析的具体化。在米海依尔·戴尔玛斯—马蒂（Mireille Delmas-Marty）教授所著的《刑事政策的主要体系》一书中，“模式”的工具应用被国内刑事政策研究者熟知。此后，国内一些学者也开始尝试运用“模式”这一理论工具对我国的刑事政策问题展开研究，比较有代表性的研究成果是严励教授的《中国刑事政策的建构理性》。当然，戴尔玛斯—马蒂教授所应用的模式分析方法更侧重于宏观层面，对刑事政策中的国家反应与社会反应等不同模式展开思辨。而在前人研究的基础上，本书也初步尝试运用“模式”这一理论工具对我国刑事政策系统进行全面构造，通过常量、变量、参量这三种要素构建刑事政策制度系统，这一尝试将是一个全新的挑战。

其四，具体刑事政策样本的选取及其分析。为了证明与检视我们对刑事政策展开制度化建构的理论成果，研究中选取了特定的刑事政策样本，并尝试运用本书所建构的刑事政策理论框架以及新制度经济学评估制度的相关理论来对这些样本进行分析。我们希望从不同角度或分不同阶段来考察和评判不同刑事政策样本的制度化程度，并试图发现问题，也为我国今后的刑事政策实践提供方案。这是一个全新尝试，因此，分析过程中可能会出现刑事政策样本选择不当的问题，也可能会由于我们在理论建构方面存在的一些瑕疵，影响对刑事政策样本分析的结果。

四、研究中可能的突破与创新

刑事政策制度化是一个全新的提法，本研究试图构建刑事政策制度化的理论体系，将制度经济学的基本理论运用到刑事政策的理论研究与实践中是本书最大的特色，以该研究特色为基本定位，本研究试图进行以下理论创新。

首先，本研究提出“刑事政策制度化”这一理论命题，并对刑事政策制度化的内涵作出界定，充分肯定刑事政策制度化研究的理论价值，并明确刑事政策制度化的目标是要在理论和实践、静态和动态、应然和实然层面上对刑事政策进行制度化构建。

其次，本研究分析刑事政策制度化的理论基础——新制度经济学，概括了新制度经济学关于制度的相关理论，提出评判“好制度”的三个方面：制度的有效性、制度的体系以及制度的演变。

再次，运用“模式”之理论工具对我国刑事政策的系统性问题进行科学反思。正如前文指出，戴尔玛斯—马蒂教授所应用的模式分析更侧重于宏观层面，对刑事政策中的国家反应模式与社会反应模式等不同模式之间的特征展开比较与分析。在此基础上，本书尝试将模式分析的研究范式进行到底，对能够检视我国刑事政策系统之实践理性的某些具体问题展开模式建构。在前人的基础之上，提出了引入刑事政策的“参量”要素，通过“常量、变量、参量”三要素构建刑事政策系统。通过构建的刑事政策系统模型，可以较为准确地分析任何一国的任何刑事政策的类型，并通过量化的标准，观察刑事政策的运动以及变革。这对于我们评估、引导刑事政策的发展和变化有着极大的参考价值。

最后，结合新制度经济学关于制度的理论，对刑事政策制度化的实践内容进行具体展开，深入研究怎样的刑事政策才是一个“好制度”以及如何将刑事政策变成一个“好制度”。结合我国具体的刑事政策（宽严相济刑事政策、司法改革、速裁机制改革、行刑社会化、未成年人犯罪刑事政策等)，从制度化的角度对我国刑事政策进行审视，并提出针对性的分析和完善意见。

五、研究方法

鉴于刑事政策制度化研究的理论性、改革指导性和交叉学科的特点，该研究是结合制度经济学的研究方法而展开的，其间还会涉及其他的研究方法。因此，本书拟采取如下研究方法。

第一，实证研究方法。由于我国犯罪数据的收集、整理、利用等市政工作的不健全、不完善，我们须着重强调通过实证研究来为刑事政策制定提供制度化的依据。我们需要运用犯罪统计学、预测学等方法准确掌握犯罪的统计数据、现实状况以及发展趋势，并对上述材料科学利用以成为政策制定的实证基础。

第二，经济学研究方法。刑事政策学是“治道”的学问，是治国的理念与方略。治国的内容涉及方方面面，特别是根据广义刑事政策观，刑事政策的内容与其他社会科学存在广泛的交叉，因此，研究刑事政策问题必然需要引入其他社会科学的内容。对于刑事政策制度化研究，重点是要与新制度经济学进行交叉研究。本选题在研究刑事政策制度化的理论基础时，将涉及新制度经济学及制度系统理论，同时在从制度角度评价刑事政策时，需运用新制度经济学上的分析方法。

第三，比较研究法。对于运用制度经济学展开对刑事政策的研究，我国目前的前期研究还是相对匮乏，因此本研究必然需要借鉴国外运用制度经济学对刑事政策研究所形成的成果，以开放的思维运用域外的知识来研究刑事政策制度化问题，搭建我国刑事政策制度化的理论体系。

第四，历史研究法。当代中国社会处于转型时期以及犯罪问题日益严重，刑事政策的制度化乃是中国犯罪治理的科学化，如果忽视这个大背景，就无法明确刑事政策制度化研究的必要性，就无法判断社会治理对刑事政策制度化的迫切需求，更无法把握刑法制度改革的现实基础。

第一章　刑事政策制度化概述

概念是研究的起点。刑事政策的研究面临的第一个问题就是刑事政策概念的争议问题。我国学界对刑事政策概念的理解主要存在狭义和广义两种观点。狭义的刑事政策观主要继承了费尔巴哈对刑事政策的定义，认为刑事政策主要是指导刑事立法的辅助知识。[①] 而广义的刑事政策观则主要受到德国的李斯特和法国的马克·安塞尔观点的影响，认为刑事政策不应只局限于指导刑事立法，而应系统和科学地指导国家和社会对犯罪的斗争。本书赞同应以广义的刑事政策观进行刑事政策的研究，这既是刑事政策学自身发展的需要，也是犯罪学等与犯罪相关的学科的研究带给我们的启示。

一、刑事政策制度化相关概念的界定

刑事政策制度化是一个全新的命题。对其进行定义对于能够顺利开展相关工作至关重要。新制度经济

---

① 参见梁根林：《刑事政策：立场与范畴》，法律出版社 2005 年版，第 2 页。

学的相关研究成果已经向世人表明，制度是最有效和最稳定的建立秩序的方式。为了合理地规避刑事政策被滥用的风险，同时也要让刑事政策最大化地发挥在犯罪治理中的作用，我们应当借鉴新制度经济学利用制度解决经济治理问题的经验，对刑事政策进行制度化构建。

（一）制度

“制度”的概念从不同的角度去理解会产生不同版本，即便是在新制度经济学中，对“制度”不同学者也有各自版本的定义。一个较为容易被人接受的版本是“制度是人们相互交往的规则”。[①] 人与人之间若要形成有效的交往，彼此间必须存在某些共识。这些共识包括，其他人会如何作出反应、在其他人作出武断反应和违约反应时要受哪些制裁。从经济行为的角度举例分析，例如，民间的个人和企业只有在确信他们的预期能够兑现的情况下才可能购买、销售产品、雇用劳力、投入资产和进行创新。个人间和厂商间的大量交易都基于重复性运作。如果这些行为都是可以预见的，那么就能够极大地减少摩擦和不确定性。因为人类的相互行为，无论经济行为、法律行为，都依赖某种信任。这样的信任本质上就是一种秩序，一种排除了各种不可预见行为和机会主义的秩序。这样的秩序如果稳定下来，就成了“制度”。从另一个角度理解，制度就是人们为了抑制各种不愿意在交往中看到的行为的规则。为了维持这样的规则稳定和持续地存在，就必须为此配备惩罚，没有惩罚的规则是没有任何实质作用的。

新制度经济学的学者们出于对传统经济学及其抽象、枯燥模型的不满，采纳了制度经济学的核心判断，即制度在协调个人行动上发挥着关键作用。这种分析涉及规则的基础、演化、内容、连贯性和强制执行。[②] 当社会处于混乱的状态时，社会中的个体之间的交往就会因为彼此之间的不信任而需要付出更多的代价，而代价的提高更会加剧信任的崩塌，

① 参见［德］柯武刚、［德］史漫飞：《制度经济学——社会秩序与公共政策》，韩朝华译，商务印书馆2000年版，第35页。

② 参见［德］柯武刚、［德］史漫飞：《制度经济学——社会秩序与公共政策》，韩朝华译，商务印书馆2000年版，第7页。

合作也趋于瓦解，最终导致作为经济福祉主要源泉的劳动分工消失殆尽。而在制度存在的时候，制度促进秩序的形成，而秩序鼓励着信赖和信任，减少了人际交往之间的成本。当秩序占据主导地位，即社会处于有秩序的状态时，人们就可以预见他人的行为，从而能够更好地与人合作。

制度对于刑事政策究竟有多重要？在前文的论述中，已经对制度的重要性进行了阐述，那么制度对刑事政策的作用是否像制度对于经济活动一样重要呢？我们可以通过比较刑事政策与经济学之间的共同特征来回答。其一，刑事政策与经济学都是以人和人的行为为研究的出发点和基础的。刑事政策和经济学都是社会科学，社会科学的共同性就是以人和人的行为作为研究的基础和对象。刑事政策的目的是治理犯罪，而犯罪无疑都是人的行为。经济学研究的经济行为或现象当然也都是人的行为。因此刑事政策和经济学在这一点上具有共同的基础和话题。其二，刑事政策与经济学都是以预测未来为主要研究目的的。刑事政策的目的或者说任务是治理犯罪，主要内容有两部分，惩罚犯罪和预防犯罪。而根据现代刑事政策的主流思想，特别是新社会防卫的思想，预防犯罪应是刑事政策的重中之重。因为要保护法益，最好的办法就是要防患于未然，没有犯罪发生自然就不会有法益受到侵害，也无须动用国家资源去惩罚犯罪。所以预防犯罪是刑事政策最首要的任务和目标。如果进一步追问，预防犯罪最根本的是要做什么？当然是预测人的行为。因为一切犯罪行为都是人的行为，预防犯罪的基础就是要能够预知人的行为，从而实施有针对性的预防措施，阻止犯罪行为的发生。我国古人早就提出了这样的观点，《孙子兵法》有云："知己知彼，百战不殆。"同理，经济学也是以预测未来人们的行为作为一切理论的落脚点，从而根据人们的行为判断经济的发展。

在确定了这两个共同特征之后，我们并不能直接得出制度对于刑事政策和经济学同等重要的结论。那么我们就需要再次追问，如果想要预测人的行为最重要的是什么？答案是选定研究对象。我们当然不可能真的去研究地球上的每一个人，具体地预测每一个人未来的行为。因此，我们需要从地球上的 80 亿人中抽象出一个模型人，这个模型人的行为就代表着每一个人在现实中可能出现的行为，通过观察这个模型人，我们就可以得出对现实中人们未来行为的预测结果。在刑事科学的各个学科中，这个模型人一般是一个“理性人”。“理性人”模型是刑事古典学派学说中的一个核心概念。古典学派以承认自由意志为理论的出发点和基石，在费尔巴哈的理论中，自由意志体现为一个人可以根据法律对他的威吓程度来决定自己是否要犯罪；在边沁的理论中，自由意志体现为一个人可以通过对自己可能从犯罪行为中获得的快乐和痛苦进行衡量来决定是否要犯罪。要实现这样的自由意志，这个人必须是一个“理性人”，即对自己可用手段和要完成的目标有着完全了解，并且能够在现在和未来作出能够使自身利益最大化的合理选择的人。虽然后来刑事人类学派否认了自由意志的存在，但是经过新派与旧派之间的相互妥协和借鉴，自由意志仍然是刑事科学的理论基础之一，“理性人”也仍然是刑事科学在分析和预测人的行为时的基本模型。经济学作为一门新兴学科只有两百多年的历史，它大量借鉴和学习其他学科的理论，“理性人”的分析模型就是其中之一。传统经济学都是以“理性人”或者称“经济人”为分析模型的。但是越来越多的经济学家发现，建立在“理性人”基础之上的模型分析与现实情况存在巨大差异，根本无法得出较为准确的预测结果。因为“理性人”的模型存在严重的缺陷，即这样一个“对自己可用手段和要完成的目标有着完全了解，并且能够在现在和未来作出能够使自身利益最大化的合理选择的人”在现实中基本上是不存在的。要达到“理性人”的要求，一个人必须具备完全的知识和思考能力，并且同时能够获取完全的相关信息。这种状况是不可能出现的，因为现实中每个人的知识水平和获取的信息都是不完全的，哈耶克称这种缺陷状态为“构造性无知”，是不可避免的。因此，以“理性人”为模型的分析注定无法得到符合现实的预测结果。新制度经济学家们针对这个问题，特别提出了“非理性人”的概念。也就是说，在分析或预测人的行为时，由于每个人的“构造性无知”，人们事实上作出的决定与理论上的“最佳选择”或多或少都存在偏差。这种设定对于刑事科学同样有着重大意义。因为法律通常都是以一般人作为假定对象，假定现实中的人都具备我们所认为他们应当具备的知识水平和思考能力，都获取了我们所认为他们应当获取的信息。但是事实情况不可能是这么理想的状态，因此我们的预测往往会与现实不符，我们会无法理解为什么一个人会犯罪。

那么，既然“理性人”的假设有缺陷，而我们又无法具体地去为每一个人设立一个分析模型，这个问题该如何解决？新制度经济学家已经给出了答案，这个答案就是——制度。上一小节已经对制度的作用进行了简略的阐述，制度的存在是秩序得以建立的基础。一旦秩序建立，处于秩序中的人就能够对与其相互交往的他人的行为作出合理的预期，即便此时双方对彼此的了解都十分有限，也能够对对方的行为作出较为准确的预测。秩序的建立可以弥补人类的“构造性无知”，让现实中的人最大限度地接近“理性人”，尽可能地作出“最优选择”。新制度经济学提出制度之重要性，意义正在于此。同理，对于刑事政策而言，新制度经济学对“理性人”模型的批判同样适用于刑事政策领域，如果想要得到对人的行为较为准确的预测，引入“非理性人”的概念势在必行，那么制度对于刑事政策就有着其对新制度经济学相同的意义。

（二）制度化

制度化（institutionalization）原是社会学中的一个概念，通常是指一个社会当中的群体或组织，从一种原本较为特殊、不固定的社会生活方式转向另一种得到普遍认可的、固定化的生活方式的过程。在这个转变过程中，群体和组织能够得到发展和成熟的机遇，从这个意义上讲，制度化同时也是整个社会变得更加规范和有序的过程。社会学领域对制度化的研究较为深入和系统，相关研究的侧重点有所不同，有的侧重于研究组织在制度化中的变化，有的则更加关注制度化过程中制度体系的自我完善过程。具体而言，制度化的过程大体可概括为：

（1）确立共同的价值观念。价值认同是制度化的关键和首要步骤。只有具有了共同价值观的基础，才有可能建立起能够为大多数人所认同的制度体系。在群体和组织的社会生活中，一种价值观念可以通过宣传和教育的方式传授给每一个成员，最终得到成员的普遍认同。一旦共同的价值观得以建立，就会增加群体和组织的凝聚力，增强制度化的效果。

（2）制定规范。在有了共同价值观的基础之后，就可以开始制度化的进程了。但是如果没有一定的保障措施，制度化的效果就会大打折扣，甚至在行进过程中偏转和歪曲。因此群体和组织还需要制定相应的规范，通过规范的强制力保障制度化的进行。

（3）建立机构。规范的作用是维持和保护共同价值观的存续，然而规范的强制力还需要依靠相应的执行机构才能发挥效果。所以，制度化效果极其依赖相应机构的建立。在现代国家政治中，国家依靠宪法制定制度，实质上也是各种国家机关建立和健全的过程。在这个过程中，国家通过国家机关的建立获得影响力，并借此影响全体成员的行为。这种获得影响力的过程，就是制度化的过程。

（三）刑事政策制度化

我国目前已经开启了全面依法治国的工作，在未来一段时间内，依法治国将是我国在国家治理层面上的主题。依法治国的提出，是我国决策层在国家治理理念层面上的革新，以依法治国理念为支撑，完成国家治理制度的彻底变革。

有学者称，我国现在正在进行的社会主义法治建设，本质上就是一场从国家到社会的制度变革。① 制度变革，是指一套新的制度体系从制定、运行，以及得到国家和社会高度认同直至成为一种社会习惯的过程，同时，这也是制度内容与国家和社会的价值观念、思维方式和文化传统高度融合的转换过程。所以，“作为制度变革的法治建设过程，就是一个正式政治与非正式政治、正式制度与非正式制度的基本原则实现法治化的一致过程”②。

---

① 参见欧阳景根：《作为制度变革的法治建设模式——一种统摄性法治理论的建构》，载《政治学研究》2015 年第 4 期，第 62 ~ 69 页。

② 欧阳景根：《作为制度变革的法治建设模式——一种统摄性法治理论的建构》，载《政治学研究》2015 年第 4 期，第 65 ~ 66 页。

制度变革最主要同时也是最常见的方式是，国家由上而下、通过制定法律逐步地将统治阶级的意志传播到社会各个阶层之中，最终让社会达成共识。在这个过程中，新制度的产生往往起源于新的法律的制定，通过法律的强制力推行统治阶级的意志。一项新的法律正式实施之后，就会对这项法律所管控的领域造成强制影响，让该领域内的人逐步地认同其精神和意志。当这项法律所代表的新的制度稳定之后，这种认同就会从正式制度扩展到非正式制度领域，融入社会。一个领域内的制度变革一旦成功，就会引发连锁反应，辐射更多的领域，最终在所有领域和范围内形成变革。

从上述描述可以看出，制度化的过程很大程度上就是制度的法律化过程。反过来讲，因为法律为国家的最主要的正式制度，一项法律的确立过程同时也可以被看作一种制度的制度化过程。依照这种逻辑，我们就可以把法治的确立过程，理解为一个新的制度体系被制定和实现制度化的过程。因此，制度变革与法治的确立是具有高度同一性的。通过立法、执法、司法、用法、守法各个环节，法律实现了由制度需求、制度供给、制度运行、制度辐射效应到制度内化的完整制度化过程。所以说，"法治的确立过程，就是以法律形式实现制度变革的过程"①。但是同时我们也应该看到，法律可以等同于制度，但制度并不完全等同于法律。法律并不是仅有的正式制度，而且在法律这种正式制度之外还存在非正式制度，如道德、传统、习俗等。因此，不能简单地将制度化等同于法制化或立法化。

刑事政策是国家和社会与犯罪作斗争的策略，是国家治理犯罪的最主要政策，属于国家治理的重要内容和关键环节。国家的法治进程要求进行制度变革与创新，这种变革与创新应当发生在国家治理的方方面面。犯罪治理作为社会治理的核心部分，理应进行变革。刑事政策作为犯罪治理的重要手段与内容，同样应当进行制度变革与创新，以贯彻法

① 欧阳景根：《作为制度变革的法治建设模式——一种统摄性法治理论的建构》，载《政治学研究》2015 年第 4 期，第 65～67 页。

治精神，配合法治化进程。从法治化的角度对刑事政策进行制度变革与创新，就是刑事政策的制度化工作。因此，国家治理法治化的提出，同时也为国家治理犯罪提出了新的命题，即犯罪治理的法治化、制度化。从刑事政策的角度而言，即刑事政策的法治化与制度化。

因而，本书将刑事政策制度化的概念定义为：通过制度构建的方式将我国的刑事政策转化为具体的制度，建立法治化的犯罪治理制度体系。

（四）与相关概念的辨析

刑事政策制度化包含众多的内容，其中以法治化为核心。但是刑事政策的法治化或法典化并不能代表刑事政策制度化的全部内容，不能将刑事政策制度化简单地等同于刑事政策法治化或法典化。因为，法律固然是一种制度，法治化或法典化是制度化的标志性体现，但是制度却不仅仅只有法律一种形式。例如，在我国执政党的内部，存在大量的党规党纪，形成了一整套完整的党员管理制度，党规党纪规范着全国党员的言行举止，却不属于法律的范畴。而我国国家工作人员又与执政党党员高度重合，因此对于治理国家工作人员的犯罪，典型的如贪污受贿犯罪等，这些非法律性质的制度规范发挥着重要的作用，同时也是刑事政策的重要内容和对象。又如，我国人民法院内部存在的指导判例制度，依照我国大陆法系的特点，判例绝对不属于法律的范畴，但为了指导全国法院的司法实践，最高人民法院会定期发布指导性案例，这些案例和判决虽然不是强制性的法律法规，但对法官的审判工作起着非常重要的指导作用。这样的制度同样受我国的刑事政策的指导，应当被认作我国刑事政策制度化的具体表现形式。为避免混淆，同时也为了明确制度化的独特价值，下文将逐个厘清刑事政策制度化与其他相近概念之间的异同。

1. 刑事政策制度化与刑事政策刑法化

与刑事政策制度化最为接近的一个概念就是刑事政策的刑法化（与之相类似的表述还有刑事政策的法典化、立法化等）。刑事政策的刑法化可以理解为是把刑事政策的内容和精神转化为具体的刑法条文，通过刑法的实施实现刑事政策的要求和目标。由于制度建设最首要的方式和路径是立法，法律是一国之最重要的正式制度，因此法典化或立法化可以说是在以国家为主导的刑事政策体系下制度化的最主要内容。诚然，把刑事政策具体化到刑法之中，无论通过实体法还是程序法的方式，确实可以起到把刑事政策转化为规范的作用；同时，这种转化程序的存在也能对刑事政策本身起到一定制度化管理的作用。但是我们必须看到，虽然与刑事法相关的内容是刑事政策的核心，也是最主要的内容，但绝对不是全部。特别是在我们提倡加大刑事政策体系中社会参与的时候，与社会参与相关的内容是无法被具体化到刑法中的，如果被写进去了也就不是社会参与的内容。因此，对于地位和作用越来越受重视的社会主体来说，不需要也不能把与其相关的刑事政策刑法化。所以，刑事政策刑法化只是刑事政策制度化的组成部分，被包含在其中。

2. 刑事政策制度化与刑法的刑事政策化

西方资本主义民主革命之后，刑法的研究进入了近代化的阶段。这一时期的犯罪治理问题的突出特点是犯罪率激增，累犯和少年犯的比例大幅上升，社会治安状况每况愈下。这些社会状况对刑事古典学派的立场和理论，特别是其刑事政策观造成了巨大的冲击。随着自然学科的进步，越来越多的刑法学者开始尝试将自然科学的实证研究方法代入到犯罪治理的研究当中，尤其是对犯罪原因和犯罪人的探索。受这样的实证主义思潮的影响，刑事政策的研究也得到了迅速的发展，从以往认为刑事政策只是指导立法的工具转变为与犯罪作斗争、全面社会防卫的策略和思想，广义刑事政策观由此形成。较为激进的学派甚至主张全面取消刑法，通过社会防卫和社会医疗等方式控制犯罪。这样的一种变化就是“刑法的刑事政策化”。[①] 由于刑事政策具有作为政策的灵活性和国家意志性，如果用刑事政策取代刑法去治理犯罪甚至社会整体，蕴含着极权主义的危险。因此李斯特才提出“刑法是刑事政策不可逾越的樊篱”，表示刑事政策不能够超越罪刑法定主义。赞成刑法刑事政策化观点的学

① 参见曲新久：《刑事政策的权力分析》，中国政法大学出版社2002年版，第3页。

者，后来也提出要将人道主义设定为刑事政策的最高原则，尝试协调二者之间的关系。然而，问题的根源是刑事政策的政策属性和罪刑法定主义之间的矛盾。刑事政策制度化不同于刑法的刑事政策化。刑事政策制度化并不会去尝试用刑事政策取代刑法，而是为刑事政策构建一个合理的、科学的、有一定规范性的体系结构。从这个意义上说，刑事政策制度化有利于在刑法和刑事政策之间构建和谐与统一的联系。

3. 刑事政策制度化与刑事政策的科学化

在刑事政策的本体定位已日渐科学的情况下，如何推动刑事政策的科学建构将决定着刑事政策具体样本的科学品性及其投入犯罪治理实践中的实践效果。刑事政策科学化的基本思路是参考和借鉴政策科学的原理和分析方法延伸指导我国刑事政策的科学构建，通过引入政策科学中最为基础的"系统"与"过程"的分析方法，改造我国刑事政策理论研究与科学实践的思维方式。① 我国的刑事政策科学化主要是指对刑事政策进行科学建构，将刑事政策打造为科学作用于犯罪现象的反应系统。现阶段鉴于我国刑事政策的发展以及刑事政策自身的特质——与其他公共政策的不同之处，刑事政策的科学化并不是也不可能完全直接地将政策科学理论体系下的"系统分析"与"过程分析"移植到刑事政策理论体系内；在考察某一具体刑事政策样本时，根据实践理性的需要构建更能凸显出刑事政策自身特点的模式和程序。其中，模式建构乃是借鉴政策科学中的系统分析，通过模式的归纳来考察刑事政策中的结构性问题，进而把握刑事政策的实质理性；而程序建构则是借鉴政策科学中的过程分析，能够将刑事政策运行精确细化为多个环节，由此来确保刑事政策的形式理性。依托于政策科学的原理与分析方法的模式建构与程序建构正是刑事政策科学建构的基础，模式建构所具备的实质理性与程序建构所展现的形式理性能够保证刑事政策之实践理性。刑事政策制度化与刑事政策科学化的差异在于彼此的关注点不同。刑事政策科学化目的

---

①　参见姜瀛：《政策科学视野下刑事政策的科学建构》，北京师范大学 2015 年博士学位论文。

是提高刑事政策的决策、执行等内容和程序的科学性，而刑事政策制度化的研究则立足于刑事政策体系的构建，尝试将刑事政策向规范化的制度转化。

二、刑事政策制度化的理论基础

(一) 制度经济学与新制度经济学

刑事政策的制度化构建需要理论植入与演化的过程，因此，我们要确立刑事政策制度化的理论基础。鉴于新制度经济学对制度作用的研究和论证，以及刑事政策对制度的需求，新制度经济学自然应成为刑事政策制度化构建的理论基础。

1. 制度的有效性

(1) 一项制度能够在实践中发挥实效，首先要具备普适性。判断一项制度是否具有普适性，准则有三。[①] 首先，要审视该制度是否具有一般性。在没有正当和合理的理由的情况下，制度要对所有人一视同仁，不能区别对待。哈耶克将“一般性”定义为“适用于未知的、数目无法确定的个人和情境”。[②] 其次，一种制度想要真正地发挥作用，还必须能够为人们所认知，且能够为人们未来的行为作出可靠的指引。一项具有确定性的制度意味着所有正常的公民都能够读懂该制度传达出的信息，清楚地知道违反该制度可能承担的后果，通过比照该制度为自己的行为作出合理的规划。所以，一切秘密的、隐晦的、语焉不详的制度都因缺乏确定性而在实践中失去功效。最后，确定的制度不意味着封闭，应允许人们通过创新性的行为来适应新的制度要求。这三项准则都已被归入普适性概念。

普适性在禁止性规则中相对易于得到保证。禁止性规则为行为者提供了巨大的自行决策空间，适用于未知的、数目不限的任何情境。普适性也意味着法律面前人人平等，没有人可以凌驾于制度之上，也意味着

---

① 参见［德］柯武刚、［德］史漫飞：《制度经济学——社会秩序与公共政策》，韩朝华译，商务印书馆2000年版，第147~148页。

② 转引自［德］柯武刚、［德］史漫飞：《制度经济学——社会秩序与公共政策》，韩朝华译，商务印书馆2000年版，第147~148页。

对所有人的程序公平。

（2）有效的制度还应该尽可能简单。在19世纪，许多国家中的大规模司法改革简化了法律规则，目的是使服从规则更容易，更便宜，并减少法律运作的成本。但是后来法律又变得复杂起来，因为社会本身是日益复杂的。但是认识论和法理学正日益证明，复杂规则不起作用，因为它们对人的认识要求过高并让服从法律的代价过高，超过了必要的水平。① 因此应当简化规则以应对现代生活的复杂性。

2. 制度的系统

事物是普遍联系。现实社会错综复杂，一项独立的制度通常无法满足解决问题的需要，需要由不同的制度彼此之间相互作用形成制度体系，发挥整体的作用。如果我们想要研究制度的演化及其作用模式，就必须考察建立起人类行为秩序的规则序列（an order of rules）。新制度经济学家指出，必须从规则系统和经济、社会系统的角度来思考。

我们可以把“系统”理解为一个由多重相互作用的要素构成的结构。系统可以相当简单，诸如一块手表。手表系统由钟表匠制造，在其内部有许多相互作用的机械性或电子性的组成部分，这个系统的作用只有一个目的，即表示时间的流逝。然而现实生活中存在难以计数的系统，很多系统都更为复杂，包括众多要素，这些要素的相互作用要取决于众多特征。

由于人的“构造性无知”，人的认识能力都是有限的，因此需要制定制度或规则协调人与人之间的相互交往。单项制度想要有效，就必须得到协调。例如，众所周知，对私有财产的保护有利于交易的进行和经济的发展，我国现在也已经在宪法中明示国家尊重和保护公民的合法私人财产，然而这种保护的效果也是带有两面性的。对私有权的保护，一方面可以鼓励公民积极地进行交易，但也会刺激财产所有人之间为了交易机会而相互竞争，当这种竞争激烈到一定程度的时候，就会出现有损

① 参见［德］柯武刚、［德］史漫飞：《制度经济学——社会秩序与公共政策》，韩朝华译，商务印书馆2000年版，第149页。

交易和市场秩序的现象。为了避免和限制这样的情况出现，就需要制定出相应的制度，将竞争限制在一定的程度内，保护市场秩序和交易的顺利进行。如此一来，私有财产保护制度和市场交易秩序保护制度就形成了相互配合与协作的制度系统，彼此为对方正常和稳定地发挥作用做着贡献。

单个的规则彼此联系形成规则系统，而不同的规则系统再次相互联系就构成了规则的层级结构。形成规则的层级结构之后，就能最大化地发挥各种规则对人们行为的指导作用。通常来说，在规则的层级结构中，具有普适性和一般性的规则往往是社会中的道德规范，或者是一些通过“基本”法案确定下来的正式制度。这些一般性的规则系统起着调节具体和特定的规则系统之间矛盾的作用，让所有的具体制度彼此间能够和谐共存。

规则系统有助于认知。规则系统的存在有助于人们了解各种规则的存在及其相互作用关系。由于现实生活的复杂性，社会中的规则越来越多，面对如此繁杂的规则，如果没有一个体系将它们串联起来，并制定不同层级的规则之间和不同作用的规则之间的适用方法，那么无疑是对人们有限的认知能力的巨大挑战。规则系统的存在就可以弥补人们的认知缺陷。在规则系统内，人们可以方便地了解到不同规则的相关信息，从而可以很好地利用规则进行与他人的交互活动。

规则系统有助于管理制度的变化。由于现实生活复杂多变，人类社会也在不断地演变，所以相应的制度系统也应当具备演化能力。建立制度的层级结构并不仅仅是为了对不同规则系统进行区分，它的一个重要作用是利用层级结构调控不同规则系统的职权和功效。例如，具有较高层级的制度系统有权规定其下位的制度系统可以调控什么、不可以调控什么，以及其与其他制度系统发生矛盾时应如何处理等。通过这样的层级管理机制，可以促使规则系统内部的和谐统一，不会出现难以化解的矛盾，影响整个规则系统的效用。如果没有这样的层级结果做保障，规则系统稳定性在实践中就很难保证。

3. 制度的演变

（1）制度的层级

美国著名经济学家奥利弗·威廉姆森把新制度分析划分为四个层次，每一个层次都和特定时间框架（划分新制度分析领域研究主题的合理界限）联系在一起：①

第一个层次是“超长期制度”（very long run institution），关注诸如传统、习俗、信念等作为驱动因素的力量在决定制度环境方面所发挥的作用。这些力量或有利于或阻碍着经济增长和发展，它们的影响是近来很多历史学家和人类学家的研究主题。第一个层次同时也是制度层级的最高层次，为社会和文化嵌入制度中提供路径和基础。位于这个制度层次的制度，通常都是一个社会中最基础的社会制度，如道德、宗教、传统文化和风俗习惯等。也正是因为这些制度过于基础，它们的形成与改变都需要极长的时间，至少需要 1000 年的时间才会有较为明显的变化。

第二个层次是“长期制度”（long run institution），在这个时间框架内，政治和法律制度形式对经济发展起到驱动作用，经济学家要研究的就是经济环境是怎样影响经济状况的。科斯在《社会成本问题》中关于法律影响经济活动绩效的分析是激励和促进这个研究分支发展的主要因素。② 这个层级中的制度构成了整个制度系统的基本环境，威廉姆森称为“博弈的正式规则”。③ 从历史的发展规律来看，在一定时期内，任何社会使用的制度以及制度环境都是由该社会中存在的文化客观决定的，二者相互依存并保持相对稳定的状态。要构成这样的制度环境，需要有“基本法”对国家的政治体制和人民的基本权利作出规定；要建立一系

① See Oliver · Williamson, *The New Institutional Economics: Taking Stock, Looking Ahead*, Journal of Economic Issues, Vol. 38, 2000, p. 596 – 613.

② 参见［美］理查德·N. 兰格劳斯：《交易成本、生产成本和岁月流逝》，载［美］斯蒂文·G. 米德玛编：《科斯经济学——法与经济学和新制度经济学》，罗丽君、李井奎、茹玉骢译，格致出版社 2010 年版，第 1 ~ 18 页。

③ 参见［美］理查德·N. 兰格劳斯：《交易成本、生产成本和岁月流逝》，载［美］斯蒂文·G. 米德玛编：《科斯经济学——法与经济学和新制度经济学》，罗丽君、李井奎、茹玉骢译，格致出版社 2010 年版，第 1 ~ 18 页。

列保障人民权利和义务正常行使的制度，以及保护财产所有和交易秩序的制度等。制度环境虽然会随着社会的变化而改变，但其变化速率仍相对较慢，变化周期一般在 10 ~ 100 年。

第三个层次涉及威廉姆森所谓的“中观制度”（medium institution），这个层次的焦点转移到诸如企业、市场和组织混合体这样的实体制度内部，研究对这些制度的选择，以及这些制度是如何随着时间流逝不断适应环境变化的。在这个层次，科斯的《企业的性质》占据了重要位置，当然，威廉姆森本人通过发展交易成本方法对替代性组织结构的分析也发挥了主要作用。[①] 这一层次的制度指的是治理机制。这一层级制度包括被威廉姆森称为“博弈的玩法”的制度。[②] 这一层级的制度主要负责规定制度体系的具体运行规则，当上两个层级的制度确定之后，人们将根据这一层级制度的规定来安排自己的选择，规划自己未来的行为。

第四个层次是“短期制度”（short run institution），分析焦点是交易的边际效应（marginal adaptations）。短期制度一般都是在短期内迅速和频繁起效的制度，在上三个层级的基础上，这一层级的制度调节制度系统的日常运行。从经济学的角度看，这一层级的制度负责维护经济体制的日常运作。

我国有学者对威廉姆森的理论进行过概括，[③] 在他看来：威廉姆森的第一个层级和第二个层级的制度分别对应的是内在制度和外在制度，对于外在制度来说，最重要的意义在于利用政治和法律等制度对财产所有制度进行规定和保护；第三个层级“博弈玩法”实际上指的是与经济相关的制度的执行和监管体系；第四个层级对应的是维护和保障自由市场经济秩序的相关制度。

---

① See Oliver · Williamson, *The New Institutional Economics: Taking Stock, Looking Ahead*, Journal of Economic Issues, Vol. 38, 2000, p. 596 – 613.

② 参见［美］理查德·N. 兰格劳斯：《交易成本、生产成本和岁月流逝》，载［美］斯蒂文·G. 米德玛编：《科斯经济学——法与经济学和新制度经济学》，罗丽君、李井奎、茹玉骢译，格致出版社 2010 年版，第 1 ~ 18 页。

③ 参见罗小娟、卢现祥：《制度演化的层次及其设计分析》，载《汉江论坛》2007 年第 9 期，第 43 ~ 48 页。

新制度经济学关注的重点集中于上述第二个层级和第三个层级中的各项制度，包括对这些制度的分析，并在分析的基础上对这些制度的安排作出规划。哈耶克曾经做出了与威廉姆森相似的层级划分。在哈耶克的理论里，他把威廉姆森的第一个层级的内容进行了更加细致的分类，设计出了从遗传学演进，到人类知识生产，再到文化的三阶递进层次。哈耶克认为，人类社会中的文化其实是人类的“行为规则”，人类所指定的各种规则最终需要依靠文化进行传承和演进，人类作为自身文化的载体，必须为了文化和传承而调节各成员间的关系和交互作用的秩序。①

（2）内在制度与外在制度的交互作用

如果通过考察制度起源的方式对制度进行划分，可以把所有制度划分为内在制度和外在制度两种类别。所谓内在制度，实际上指的是人们在长期的社会生活的经验中总结出来的行为规范，代表着人类在一定的时空范围内所能发现和创造的最好的行为指导。例如，社会中存在的风俗、习惯、礼仪，以及伦理和交易方式等。通常来说，内在制度是依靠社会成员自觉地遵守，没有特别的强制力，即使有人违反内在制度也不会遭受较为严重的惩罚，一般依靠其他社会成员的反应间接地对其进行惩罚。例如，道德低下的人会获得他人较低的社会评价，影响其与他人的交往，以此督促其提高道德水平。外在制度则具有较高的强制力，通常由国家的力量做保障，依靠国家机关的执行自上而下地强制社会成员遵守规则。

无论是威廉姆森还是哈耶克所设计的制度层级，都需要以内在制度的演化作为整个层级系统运作的基础。约翰·洛克、大卫·休谟和亚当·斯密也强调过一个社会的制度框架必须以演化的内在制度为基础。②虽然外在制度具有最强的强制力，对社会和人们的行为的影响最为强烈，但无论何种形式的外在制度都需要以内在制度为基础。在具体的社

---

① 参见罗小娟、卢现祥：《制度演化的层次及其设计分析》，载《汉江论坛》2007 年第 9 期，第 43 ~ 48 页。

② 参见卢现祥：《寻找一种好制度：卢现祥制度分析文选》，北京大学出版社 2012 年版，第 35 页。

会生活中，内在制度与外在制度如何相互作用和相互影响，引起了越来越多的学者关注，同时也是新制度经济学的前沿研究领域之一。

（3）路径依赖

按照诺思的分析，路径依赖就是指新的制度框架在形成过程中，需要旧的制度框架为其提供机遇，最终依靠累积的机会集合形成新制度的过程。[①] 对于路径依赖现象出现的原因，相关学者进行了分析：当一个社会中存在较为稳定的第一层级制度，也就是内在制度的时候，制度演化由于从中获得了基本的给养而开始进行；当演化进行到一定程度时，新的制度开始产生并影响社会，人们为了适应新制度而必须进行调整或改变，在这个过程中需要投入时间、金钱或机会成本，但是收益却是不明显的甚至没有，因此并不是所有的人都希望付出这样的成本，使新规则获取普遍认同的难度有所提高。同时，对于旧制度的既得利益者来说，新制度的出现有可能意味着利益的减少或丧失，这是他们绝对不愿意看到的，所以他们会本能地排斥和阻碍新制度。因此，如果想要让新制度顺利地得到普遍认同，减少制度演化阻力，就需要让制度演化遵循人们习惯和易于接受的路径进行，虽然这样会降低制度演化的速度，但是大大减少了演化阻力，从长远来看，是最优的解决方案。[②]

（二）公共选择理论

传统经济学的理论一般认为经济与政治应是泾渭分明的两个领域。公共选择理论对这样的论调提出强烈的批评和质疑。公共选择理论认为无论是经济行为还是政治行为，其行为主体都是相同的，都是为了满足自身利益最大化的所谓理性的“经济人”。从这一点来看，那种认为经济和政治互不相干的立场就是站不住脚的。他们甚至认为，市场上消费者与生产者之间的关系，与政治家和选民的关系并无二致。区别在于：市场中交易的是私人物品，而政治中交易的是公共产品；市场中的利益

① 参见卢现祥：《寻找一种好制度：卢现祥制度分析文选》，北京大学出版社2012年版，第35页。

② 参见［德］柯武刚、［德］史漫飞：《制度经济学——社会秩序与公共政策》，韩朝华译，商务印书馆2000年版，第476页。

最大化表现为经济利润的最大化，政治中的利益最大化表现为政治支持的最大化。市场由于其自身先天的局限性，会造成周期性的市场失调和混乱，此时就需要政府出手干预，帮助市场重获秩序。在这个过程中，政府所使用的各种调控手段，以及调控行为本身都是公共选择的结果。但是，我们也可以发现政府自身也会出现类似于市场的局限性和失调情况，因为政府也是由个人组成的，个人的局限性当然也会影响政府行为。因而，我们需要更加稳定和完善的制度，将个体缺陷控制在最小的影响范围内，从而避免政府的行为过多地受到个体行为的影响。

（三）刑事政策学

刑事政策作为一门独立的学科，存在的价值和意义已经得到了学界和实务界的一致肯定。在我国，刑事政策更是已经成为一门显学，有学者戏言，“世界上任何一个国家都没有像中国这么多的人在研究刑事政策”。毋庸置疑，刑事政策正在受到学者们乃至政策决策者的重视。我国对于刑事政策的研究也取得了丰硕的成果，特别是在“宽严相济的刑事政策”被确立为我国的“基本刑事政策”之后，对于刑事政策的研究更是起到了推波助澜的作用，一大批优秀的研究成果纷纷面世，掀起了刑事政策研究的新高潮。然而我们也要时刻审视如今刑事政策研究领域内存在的问题和缺陷。特别是刑事政策的概念至今仍是学界争论的主要议题之一，这对于我国的刑事政策研究是十分不利的。本书的主要论题是刑事政策的制度化研究，那么在开始对相关问题展开论述之前，首先必须明确本书对刑事政策概念的定义和立场，只有这样才能为之后的论述打下坚实的基础。一般认为，对现今刑事政策的概念存在三种不同的观点，不同的学者为这三种观点所取的称呼不尽相同，但大体上可以分为“最广义刑事政策观”、“广义刑事政策观”和“狭义的刑事政策观”。这三者的区别主要在于对刑事政策的外延和内涵宽广的认识不同。一是最广义上的刑事政策，认为刑事政策不仅包括对犯罪原因及刑罚作用的研究，还包括犯罪对策以及社会对策。在最广义刑事政策观下，刑事政策包含一切与治理犯罪相关的社会政策，即“最好的刑事政策就是最好的社会政策”。这种刑事政策观将刑事政策的研究领域扩展到无以复加的地步。二是广义的刑事政策，代表性的概念是“国家据以组织应对犯罪的一切措施的总和”，既包括刑罚以及类似刑罚的各种制度，也包括与犯罪作斗争的各种原则的整个体系。三是狭义的刑事政策，认为刑事政策只是指导刑事立法的政策。这三种观点有着各自的历史背景和理论渊源，不能孤立地讨论其好坏优劣。事实上，根据李斯特“整体刑法学”的观点，刑事政策作为连接犯罪学与刑法学的纽带，其产生和发展与犯罪学和刑法学的产生和发展是息息相关的；我国学者所提倡的“刑事一体化”与李斯特的“整体刑法学”有异曲同工之妙。所以，当我们在论述刑事政策概念的渊源时，必须将其放入“整体刑法学”的环境之中进行讨论，否则就会割裂刑事政策与其他刑事科学的内在联系，同时也会无法对刑事政策相关理论有正确的理解。在李斯特的“整体刑法学”理论中，包含着刑法学、犯罪学、刑罚学以及刑事政策等学科。在我国“刑事一体化”的体系中，也包含着刑事法、犯罪学、刑事政策等学科。这些学科相互之间存在密切的联系，有着公共的思想和理论基础。若要追根溯源，现有的一切都会指向一个共同的人——贝卡里亚。

一般认为，格劳秀斯、孟德斯鸠、卢梭等人在启蒙运动时期所提倡的启蒙思想是近代刑法学的思想起源。① 启蒙思想家根据社会契约论说明国家刑罚权的根据，从而否定神意是刑罚权的根据，为将刑法和宗教相分离做出了巨大贡献，也为近代刑法学的诞生创造了条件。“作为原则拒绝基于神或人伦的刑法之神秘的绝对的基础，在将刑法从宗教或道德分离上，可以说是具有大的历史意义的。”② 但是这些启蒙思想家关于刑法的思想只是零散的、启发式，并没有形成体系，或者说在当时并没有刑法学的概念。直到1764年意大利人贝卡里亚出版了《论犯罪与刑罚》——该书是人类历史上第一部专门系统论述犯罪与刑罚等相关问题

---

① 参见马克昌主编：《近代西方刑法学说史》，中国人民公安大学出版社2008年版，第3页。

② ［日］中山研一：《刑法总论》，成文堂1989年版，第20页。转引自马克昌主编：《近代西方刑法学说史》，中国人民公安大学出版社2008年版，第3页。

的著作，才终于有了关于刑法学的体系性的理论。在此之后，以贝卡里亚为代表形成了“古典学派”，刑法学家认为“古典学派”是刑法学派，称为“刑事古典学派”。刑法学家认为贝卡里亚是以现代启蒙思想系统论述犯罪与刑法问题的第一位思想家，他的《论犯罪与刑罚》体现着历史的发展和文明的进步，对于欧洲乃至全世界的刑法改革都产生了重大影响。[①] 犯罪学家认为贝卡里亚的《论犯罪与刑罚》是犯罪学产生的标志，[②]“古典学派”是犯罪学派。可见不论在刑法学史上还是犯罪学史上“古典学派”都被推崇为该学科的第一个学派。对此我国学者有着精彩的评述：“古典学派作为犯罪学历史上第一个思想流派，还没有注意划分学科问题，实际上也不可能划分自己所属的学科……随着社会科学的发展和学科的进一步分化，人们又把古典学派的学者们所提及的问题、现象及其论述划入不同的学科，用今天的学科模式来衡量它，对它们进行不同的标定……结果就产生了对其学科性质的不同观点。”[③] 从刑法学和犯罪学对贝卡里亚和“古典学派”的“争夺”中可以看出，“古典学派”是这两个学科共同的渊源；同时也说明“古典学派”的学者在当时并没有区分刑法学与犯罪学等不同刑事学科的概念和意识，他们具有的是朴素的“刑事一体化”概念。然而对于这场争夺，刑事政策却没有插足的余地，因为公认刑事政策的概念起源于费尔巴哈。

一般认为“刑事政策”最早是由德国费尔巴哈在 1803 年提出的。[④] 日本学者正木亮评论说：“‘刑事政策’一词，在 18 世纪末的德国便开始使用，但现在意义上的刑事政策的称呼则始于费尔巴哈，他将心理学、实证哲学、一般刑事法及刑事政策作为刑事法的辅助知识，赋予了

---

① 参见马克昌主编：《近代西方刑法学说史》，中国人民公安大学出版社 2008 年版，第 73 页。

② 参见吴宗宪：《西方犯罪学》（第 2 版），法律出版社 2006 年版，第 28 页。

③ 吴宗宪：《西方犯罪学》（第 2 版），法律出版社 2006 年版，第 30 页。

④ 参见［法］米海依尔·戴尔玛斯—马蒂：《刑事政策的主要体系》，卢建平译，法律出版社 2000 年版，第 1 页。

刑事政策的独立地位。"[①] 费尔巴哈被刑法学者们认作近代刑法学的奠基人、"近代刑法学之父"。[②] 他通过自己的著作建立了现代刑法学体系，为现代刑法学的建立奠定了基础。费尔巴哈与边沁同为继贝卡里亚之后的"古典学派"的代表人物，但是在犯罪学界费尔巴哈显然没有得到如同其在刑法学领域那样的地位和尊崇。在我国学者的一些关于犯罪学史的著作中，他甚至都没有得到专门论述的"待遇"。这也跟费尔巴哈主要的贡献和研究都集中于刑法学领域有关。费尔巴哈对犯罪原因的认识仍属纯理性的思辨。事实上当时的"古典学派"对犯罪原因的研究都相对较少。古典学派认为人的自由意志的选择是犯罪的主要原因，费尔巴哈同样秉持这样的观点。基于这样的犯罪原因理论，费尔巴哈提出了他著名的"心理强制说"。"心理强制说"是费尔巴哈刑法理论的核心，费尔巴哈从中发展出了罪刑法定原则，并留下来了关于罪刑法定最脍炙人口的名言："无犯罪则无刑罚；无法律则无刑罚；无法律规定的刑罚则无犯罪。"罪刑法定主义是近代自由主义刑法思想的基础，为法治国家的刑法的建立和发展提供了思想源泉和准则。"心理强制说"同样也是费尔巴哈所主张的犯罪原因论、权利侵害说、刑罚本质论以及刑罚目的论的理论基础。费尔巴哈关于刑事政策的理论也是以心理强制说为标志，他认为法律的威吓能够产生一般预防的效果，这种效果需要依靠行为人自己的心理活动才能产生，因此也成为消极的一般预防。一般预防是费尔巴哈关于刑法与刑事政策关系理论的基石。费尔巴哈对刑事政策的定义是："国家据以与犯罪作斗争的惩罚措施的总和。"[③] 但是在费尔巴哈的理论中，刑事政策只是刑法制定过程中所需要考虑的一个因素，当时主流的观点认为刑事政策只是指导刑事立法的工具即"辅助知识"[④]

---

① ［日］大谷实：《刑事政策学》（新版），黎宏译，中国人民大学出版社2009年版，第8页。

② 参见马克昌主编：《近代西方刑法学说史》，中国人民公安大学出版社2008年版，第95页。

③ ［法］米海依尔·戴尔玛斯—马蒂：《刑事政策的主要体系》，卢建平译，法律出版社2000年版，第1页。

④ 梁根林：《刑事政策：立场与范畴》，法律出版社2005年版，第2页。

而已。刑事政策的价值在于指导刑法的制定，确立罪刑价目表，对国民进行法律威吓，实现刑法的威慑力。所以在费尔哈巴看来，刑事政策就是为刑法或者说他的“心理强制说”服务的，“威慑目的的执行权和立法权的协调有效，构成了心理强制”，[①] 所谓“刑事政策”其实只是“刑事立法政策”。

分析李斯特的“整体刑法学”观点可以发现，这个概念或者主张并不是针对刑事政策提出的。在这个概念中，刑事政策是把刑法学和犯罪学串联起来的工具，在整体刑法学体系中起着连接刑事立法、刑事司法以及刑罚执行的桥梁作用，是为其刑法学和犯罪学的相关理论服务的。在“整体刑法学”理念的指导下，李斯特的刑事政策概念扩展到了前所未有且无以复加的宽广范围，覆盖到了一切社会政策领域。李斯特的名言“最好的社会政策就是最好的刑事政策”能够充分表明他关于刑事政策概念的立场和观念。这种将一切社会政策都纳入刑事政策研究范围的主张，被后来的学者概括为“最广义刑事政策概念”。由于该种刑事政策概念的外延过于宽泛，甚至远超出了法学领域，因而被很多学者批判。但是李斯特对刑事政策发展的贡献是有目共睹的，正是在他的主张之下，刑事政策才发展出了自己独特的研究领域，而不再仅仅是刑法学的“辅助工具”“刑事立法政策”。同时李斯特将实证研究成果引入刑法而建立了“整体刑法学”概念的创举给了刑法学家很大的启发。从此之后刑法学的研究不再是过去古典学派所坚持的那种纯粹规范意义上的理性化的刑法，越来越多的实证研究成果被纳入刑法之中；刑事政策理论也不再是一种唯理性主义的思辨而是披上了科学的外衣，并越来越多地吸收了实证科学的研究成果，越来越凸显出作为一门独立学科的科学性。

在李斯特发展了刑事政策的概念和内涵之后，刑事政策的发展再度进入一个相对平稳的时期，直至社会防卫运动的兴起。社会防卫思想的

---

① 参见［德］安塞尔姆·里特尔·冯·费尔巴哈：《德国刑法教科书》，徐久生译，中国方正出版社2010年版，第28页。

理论渊源是刑事实证学派的相关主张。1910 年比利时刑法学家普林斯出版了《社会防卫理论与刑法的发展》一书，书中论述了社会防卫思想与现代刑事政策之间的关系，从刑事政策的角度对各国的立法和司法产生了很大的影响。但是刑事实证学派关于社会防卫的思想隐藏着无视人权的危险。社会防卫论从功利主义的立场出发，认为既然社会有用刑罚进行防卫的必要性，那么对尚未犯罪的人，只要具有人身危险性也应当对其实行强制隔离或强制矫正，以免社会受害。虽然社会防卫论为了防卫社会而对有社会危害性的人进行防卫的出发点是好的，但是为实现这一目的而采取的手段却置公民人权于不顾，从这点来说社会防卫论是有重大隐患的。这个隐患在人类社会有史以来最大的灾难——第二次世界大战中得以充分体现。在第二次世界大战中，德国法西斯政府利用了社会防卫论的主张，制定了对公民人权造成极大侵害的刑法与刑事政策，实施了惨绝人寰的种族灭绝。“二战”以后，出于对纳粹暴行的反思，国际社会在对人权的保护和人格的尊重上达成了共识，人道主义要求成为战后刑事政策的主流思潮。1948 年联合国大会通过《世界人权宣言》，重申了人权保障应作为现代刑事政策的基本原则；并在联合国秘书长之下设立了“社会防卫司”，负责向各国推荐“预防犯罪、治理犯罪”的刑事政策。在此之前，1945 年意大利刑法学家格拉马蒂卡创办了“社会防卫研究中心”，并于两年后召开了第一届国际社会防卫大会，坚定了社会防卫运动的基石：相信人类的命运，保护人类，反对盲目镇压，希望使刑法制度人道化，并使误入犯罪歧途的人重新回归社会。从此开启了“社会防卫运动”，一些支持和积极推动社会防卫运动的学者被称为“社会防卫派”。后来在“社会防卫派”内部由于主张的分歧而又分化为以格拉马蒂卡为代表的“激进派”和以马克·安塞尔为代表的“温和派”。激进派主张以“社会防卫法”取代“刑法”，用“反社会性”概念取代“责任”概念，取消刑罚，取消法官而以专家代之，最终目的在于使个人重新社会化，使个人得到改善。而温和派主张保留法制原则，维护法治国家传统和正常的诉讼制度，保留以维护和保障公民权利为职能的法官。虽然积极派的主张体现了对个人的尊重，但是该派观点要求废除犯罪、责任、刑罚等刑法的基本概念，无疑是脱离实际的，也受到了诸多的批评。而安塞尔的主张得到了各国的支持，并被称为“新社会防卫论”，在全世界范围内得到广泛传播。新社会防卫论批评了当时世界各国主流的犯罪治理制度，认为应当利用一切人文学科的知识对犯罪现象进行跨学科的交叉研究，坚决反对完全依靠刑法和刑罚应对犯罪现象的传统做法，与犯罪学有着密切的联系。人道主义是安塞尔的刑事政策运动的中心内容，认为犯罪人都有回归社会的权利，而且国家和社会也有义务帮助犯罪人回归社会；通过适当的教育，可以把犯罪人改造为对社会有用的人，重回社会就是对犯罪人最大的人道。安塞尔反对古典学派关于犯罪、刑事责任和刑罚的观念，认为古典学派把犯罪仅仅看作一种法律上的实体，把刑罚看作是对犯罪行为的必要惩处，所关注的仅仅是犯罪的构成要件和犯罪可罚性的抽象条件等都是错误的。在他看来，人们对犯罪现象的认识不应停留在其只是一种纯粹法律概念的程度，而应用现实的目光，承认犯罪是一种社会和人类现象，刑罚应当对犯罪人实行人道主义，使之复归社会；因此，只有了解了犯罪人的人格，才能更好地理解犯罪人犯罪的原因，更好地对症下药，改造犯罪人。新社会防卫运动在“二战”之后不仅席卷了欧洲，而且引发了很多国家指导刑法变革的刑事政策的思想运动和立法运动。通过这些变革运动，更加科学和人道的犯罪观念深入人心，帮助世界各国建立更具合法性、科学性和有效性的犯罪治理制度；同时促进了现代刑法脱离旧的报复或制裁思想束缚，让整个现代刑事政策和刑罚制度的发展进入了新的时期，促进了整个人类社会的刑罚文明和社会文明。

因此，现今在刑事政策研究的领域，广义的刑事政策观已经是一种主流的趋势。至少那种最狭义的刑事政策观已经失去了市场。因此，本书将基于广义的刑事政策观开展研究。

（四）犯罪学

上文中回顾了刑事政策概念的发展历史，通过历史的回顾我们还可以观察到：

首先，刑事政策概念从最初费尔巴哈的最狭义概念，逐步发展出广义刑事政策和最广义刑事政策这两种全新的理解，这样的发展和变化的结果一方面反映了学者们对刑事政策的理解不断深化的过程，另一方面也反映出国家和社会在对犯罪或越轨行为的反应过程中，不断扩大手段和范围的过程。费尔巴哈对刑事政策的定位，是一种指导刑事立法的工具、一种刑法的辅助知识。但即便如此，仍具有划时代的意义，因为这是一个从无到有的巨变。在费尔巴哈之后，刑事政策的概念在德国得到了普遍的认同，那个时候将刑事政策理解为刑法适用和刑法改革政策是主流的观点。按照这种最狭义的刑事政策概念，刑事政策尚未能够成为一门具自身特点的科学，而只能相当于一种方法论，是对现行刑法的适用性以及未来刑法发展的构想。如果以当代人的认识去审视费尔巴哈的观点，一定会认为这种观点是非常狭隘的，但这是费尔巴哈的时代局限性所致。时代在发展，近现代刑法学、犯罪学的研究也随着时代在同步发展，当学者对惩戒、预防等犯罪治理内容不断深化时，对刑事政策的需求也比以往更为强烈，客观上造成了刑事政策的作用领域不断地扩张。刑事政策不再被认为仅仅是刑法立法的指导方针，而是与一切国家动用刑罚权的活动和犯罪人的处遇相关的内容联系在一起，对这些行为进行调节和评判，从而使刑法在真正意义上被刑事政策化。迄今为止，刑事政策的主要作用仍在于对广义刑事法的适用和改革的指导、调节和评测。但是随着现代自然科学被引入犯罪学的研究，犯罪学对犯罪原因、犯罪规律的认识深化以及对预防犯罪的认识，刑事政策逐渐地超越了刑事法的范畴，而根据反犯罪斗争的需要，形成了国家和社会有组织的对犯罪的反应体系，即刑事政策体系。因而，广义的刑事政策观应运而生，并逐步取代狭义的刑事政策的概念，为刑事政策的法治化、合理化和社会化奠定了基础。

其次，不同学者对刑事政策概念的界定，与其知识背景、专业领域具有相当关联。在费尔巴哈开创了刑事政策概念之后，刑事政策的发展一度陷入沉寂，然而在这期间犯罪学的发展却呈现迥然不同的热闹景象。在19世纪后半叶，随着资本主义的发达，社会贫富差距的逐渐拉大，西方资本主义国家的犯罪率和失业率都大幅上涨。出于对“古典学派”关于犯罪原因研究较为贫乏的不满，同时受到自然科学发展的影响，犯罪学迎来了其学科史上最大的一次变革。1876年意大利精神病学家龙勃罗梭出版了其经典著作《犯罪人论》，标志着犯罪学实证学派的诞生。龙勃罗梭被很多犯罪学家尊称为“犯罪学之父”或“近代犯罪学之父”，因为他开创性地将当时的一般性科学方法和基础理论引入犯罪和犯罪人研究领域，提出了自己独特的犯罪理论，由他所开创的犯罪实证学派将犯罪学研究的重点从犯罪行为转向犯罪人，从而开始了科学探讨犯罪原因的时代。从此，犯罪学确立和发展了能够将其与刑法学清晰地区分开来的学科特征，有了自己独特的研究方法和理论基础，真正地从刑法学中脱离出来，成为一门独立的学科。在此之前，“古典学派”习惯于用思辨和演绎的方法进行研究，适用三段论的逻辑思维方式，对当时的立法和司法实践进行考察与论证，试图寻找和发现其中的非理性和非正义性，并对发现的结果进行归纳总结。而实证学派则有着完全不同的学术风格，他们大量地采用实证的和归纳的方法，以社会现实和数据为理论研究的基础和起点，从客观事实的调查研究中归纳出自己的观点。在这种全新的方法论的指导下，犯罪实证学派对于犯罪的原因提出了与古典学派截然不同的观点。龙勃罗梭首先提出“天生犯罪人”论，在此基础之上，他建立了他的犯罪人类型、特殊预防等理论。也正是从龙勃罗梭起，无论刑法学还是犯罪学对犯罪原因的认识都进入了新的纪元，跳出了“古典学派”的纯理性分析的局限，开始以更广阔的视野观察犯罪的原因。在刑法学界，实证学派被称为“刑事实证学派”，在其内部又分化出以龙勃罗梭为代表的“刑事人类学派”和以菲利与李斯特为代表的“刑事社会学派”。菲利本是“刑事人类学派”的代表人物，但他在批判和吸收龙勃罗梭理论的基础之上，发展出了自己的犯罪社会原因论；进一步扩大有关犯罪原因的研究范围，力求将犯罪原因的探索范围扩大到前辈从未涉足的领域，从龙勃罗梭所强调的人类学因素扩展到自然和社会方面；将刑事人类学立场与刑事社会学观点相结合，把犯罪看作一种自然和社会因素与个人因素相互作用的产物。菲利在其“犯罪原因三元论”的基础之上，发展出其犯罪人类型、社会责任、刑罚替代等理论，他的学术思想具有巨大的包容性，涉及刑法学、犯罪学、监狱学、刑事诉讼法学等领域，他把犯罪社会学引申到刑事诉讼法领域，并且提出了监狱行刑制度的改革措施，可以看作是刑事一体化思想的萌芽。

在菲利之后，德国的李斯特成为刑事社会学派或犯罪社会学派的代表人物。李斯特既是刑法学家也是犯罪学家，他在批判和吸收龙勃罗梭、菲利等人的犯罪原因理论的基础上，发展出了自己关于犯罪原因的理论学说，形成了与菲利不同的犯罪原因二元论。犯罪原因论是李斯特学说的重要方面，也是其刑法理论、犯罪学理论以及刑事政策理论的出发点。他根据犯罪原因与犯罪治理之间的因果关系，认为如果想要有效地治理犯罪，必须先对犯罪的原因有充分和深入的认识。李斯特在菲利等刑事人类学派的研究成果的基础上，进一步提出了自己对犯罪原因的认知和理论，他认为菲利所说的犯罪的自然原因其实只是社会原因中的一种，应当把自然原因归入社会原因中，这样就可以将犯罪原因理论改造为由个人原因与社会原因构成的二元结构。[①] 其中，犯罪的社会原因，尤其是经济方面的原因是犯罪的众多原因中最重要也是最普遍的一种。而李斯特对刑事政策的认识，也受到其犯罪原因理论的深刻影响，发展出了比费尔巴哈的刑事政策概念的内涵和外延都更为广阔的刑事政策观。日本学者曾经指出："1800 年左右德国的刑法学家费尔巴哈等使用'刑事政策'这个词的时候，它主要是指刑事立法政策，而现在这个概念有更宽泛的含义，即刑事政策是由国家或者社会团体以预防和镇压犯罪为目的所采取的各种措施。"[②] 李斯特对刑事政策的认知可以更为详细地分解为三个层次：第一个层次是最广义的刑事政策观，在这种观念里，刑事政策的概念超越了犯罪原因及刑罚作用的研究，还将一切针对犯罪的对策纳入麾下，内涵与外延都极其宽泛；第二个层次是一般的广义刑事政策观，与最广义刑事政策观相比，这种刑事政策观范围相对较

---

① 参见吴宗宪：《西方犯罪学》（第 2 版），法律出版社 2006 年版，第 30 页。

② 陈兴良：《刑法教义学与刑事政策的关系：从李斯特鸿沟到罗克辛贯通——中国语境下的展开》，载《中外法学》2013 年第 5 期，第 974～1005 页。

小，只包括刑罚以及类似刑罚的各种制度，以及国家和社会与犯罪作斗争的各种方法和策略；第三个层次是狭义的刑事政策观，这种观点继承了费尔巴哈对于刑事政策的认知，认为刑事政策应当与社会学领域的社会政策有明显的区分，应当将刑事政策的研究限缩在刑事法范围内。[①]李斯特通过对不同刑事政策观点比较，认为刑事政策应致力于消除犯罪的个人原因；至于犯罪的社会原因的对策则应当是社会政策研究的任务。“这种注意刑事政策和社会政策的关系，不专用刑罚来防遏犯罪，而改由社会政策方面，来预防犯罪的看法，可以说是李斯特最大贡献。”[②] 李斯特在犯罪原因、犯罪预防、刑事责任等方面的主张均以他的犯罪原因论为基础，也正是看到了这些内容之间的内在联系，他把自己在刑法学、犯罪学以及刑事政策方面的理论结合起来，提出了“整体刑法学”概念。

费尔巴哈时期，犯罪学尚未成为我们现在所见到的现代意义上的“犯罪学”，因此费尔巴哈只是基于刑法领域的内容对刑事政策的概念进行定义和解读。在龙勃罗梭之后，随着犯罪学的发展，学者们对犯罪原因、犯罪预防等理论的认识不断深化，让他们对刑事政策的理解也发生了变化。因此，此后的学者多数结合刑法学和犯罪学的研究内容对刑事政策进行定义，比较有代表性的就是菲利、李斯特和安塞尔。而耶塞克虽然也处在犯罪学发达的时代，但他主要从事刑法学的研究，因此他的刑事政策概念与费尔巴哈相似，是狭义的刑事政策概念。

因此，事实上犯罪学是对刑事政策研究推动最大的学科，刑事政策概念的变革基本上是犯罪学的发展而引起的。所以，我们有理由把犯罪学作为刑事政策研究的理论基础。同时，从刑事一体化的角度考虑，刑事政策也应该同犯罪学保持密切的联系。因此本书将犯罪学作为刑事政策研究的主要理论来源。

---

① 参见严励：《中国刑事政策的建构理性》，中国政法大学出版社 2010 年版，第 2～3 页。

② 陈兴良：《刑法教义学与刑事政策的关系：从李斯特鸿沟到罗克辛贯通——中国语境下的展开》，载《中外法学》2013 年第 5 期，第 974～1005 页。

（五）法治理论

中国特色社会主义法治理论是我国自主创新出来的有着极其丰富的内涵、凝聚深邃和远见的思想的先进理论。中国特色社会主义法治理论是我党和政府在长期的执政实践中概括出来的治国理论，其内容随着我党和政府不同的执政时期而更新与发展，因而学术界对于其定义和构成有着不同的表述。但这一现象也恰恰反映出中国特色社会主义法治理论是发展中的理论，具有与时俱进的品格与特质。较为权威的观点认为可以将该理论概括为十四个重大理论观点。[①] 本书认为下列观点应在刑事政策制度化的过程中发挥理论指导的作用：

社会主义民主制度化、法律化、程序化的理论。该观点最早由邓小平同志提出。早在 1978 年，邓小平同志就已经预见到我国未来发展的目标与方向，他高屋建瓴地指出："为了保障人民民主，必须加强法制。必须使民主制度化、法律化，使这种制度和法律不因领导人的改变而改变，不因领导人的看法和注意力的改变而改变。"[②] 社会主义的民主政治问题，从根本上讲就是一个制度建设的问题。要想提高社会主义民主的发展程度与水平，必须建立起与之相配套的、能够保证其切实和稳定发挥功效的制度。没有科学与完善的民主制度，发展社会主义民主只是一句空话。党和政府也充分地认识到了这一点，特别是"文革"的惨痛经历，让党和人民都对制度缺失的严重后果有了深入骨髓的体会。因此，制度建设是党和政府现阶段工作的重中之重。党的十六大提出了"实现社会主义民主政治的制度化、规范化和程序化"的命题，十七大和十八大也都重申了这一观点，说明"制度化"的工作已经是正在进行时。刑事政策作为党和政府的犯罪治理政策，理应同步纳入"制度化"工作的轨道中，通过"制度化"的方式保障犯罪治理过程中的民主与法治。

党法一致、依法执政、依宪执政的理论。执政党与法治的关系似乎

---

① 参见王乐泉：《坚持和发展中国特色社会主义法治理论》，载《中国法学》2015 年第 5 期，第 5～13 页。

② 转引自王乐泉：《坚持和发展中国特色社会主义法治理论》，载《中国法学》2015 年第 5 期，第 5～13 页。

是所有社会主义国家都绕不开的问题。在我国历史上，党法关系也一直是一个萦绕在所有人心头的关键问题。改革开放以后，我党和政府也一直就这个问题进行反思和总结，同时也充分吸取和借鉴国外先进民主国家的经验和教训，最终确立了今后处理该问题的基本思路与立场：党法一致、依法执政、依宪执政。我党的党章中明确宣示“党必须在宪法和法律的范围内活动”。“依法执政”重大命题的提出向世人宣告了我党处理党法关系的基本立场。党的十六届四中全会通过的《关于加强党的执政能力建设的决定》把依法执政确立为党执政的基本方式。胡锦涛同志在庆祝全国人民代表大会成立50周年大会上的讲话中进一步明确指出：“依法治国首先要依宪治国，依法执政首先要依宪执政。”十八大以来，习近平总书记又对执政党和法治的关系做出了进一步的探讨和明确，他指出社会主义法治在本质上与党的领导不存在矛盾，在党的领导之下同样可以建设完善和先进的社会主义法治，社会主义法治建设必须坚持党的领导的基本方针和路线。① 刑事政策是我党和政府与犯罪作斗争的基本方针和策略，在这个斗争中必然涉及党的治理思路与法治要求关系的问题，特别是对于党员犯罪时党规党纪与我国法律之间协调的问题，必须坚持党的领导和依法治国的和谐统一。如何实现这个目标，就属于刑事政策研究的范畴了。对于刑事政策而言，既要发挥党规党纪在治理党员或国家工作人员犯罪中的作用，同时又要其与我国现有法律和谐互动，就必须依靠制度的构建协调二者的关系，明确二者相互配合的思路与方式。这样的过程，就是制度化的过程。

深化司法改革的理论。司法工作是法律的实践工作，是法律发挥实效的最为关键的环节。可以说，如果没有司法工作，或者司法工作过程中不能保证公平，那么社会主义法治建设就只能是纸上谈兵。司法公正是影响社会主义法治建设效果和形象的核心，司法公正的缺失会极大地降低社会主义法治在人民群众心目中的形象和评价。我国一直坚持和努

① 参见王乐泉：《坚持和发展中国特色社会主义法治理论》，载《中国法学》2015年第5期，第5~13页。

力实现司法公正，将司法公正定为司法工作的中心。为了实现这一目标，我党在十五大报告中正式提出“推进司法体制改革”，又在十六大报告中进一步提出“深化司法体制改革”，十七大报告中针对性地提出“深化司法体制改革”，十八大报告中继往开来地提出“进一步深化司法体制改革”。[①] 从这些报告中我们不难发现，随着我党对司法改革研究和探讨的深入，体制问题才是司法改革的关键与核心。司法体制的改革就是一个制度建设的问题，只有建设完备和先进的制度，才能保证司法公正的实现。[②] 现在一般认为，刑事政策不仅指导立法工作，同时也是司法工作的指导思想。司法改革的问题同样是刑事政策研究的内容与关注重点。对于司法体制的改革需要从刑事政策的角度进行理论指导，这就必然会涉及将刑事政策制度化的研究。

国家治理体系和治理能力现代化理论。改革开放以后，我国全面开展现代化的建设，随着市场经济体制的改革，我国的经济迅速起飞，一跃成为全世界第二大的贸易体，人民生活水平极大提高，经济建设成果有目共睹。但与经济发展水平巨大提升形成反差的是我国的治理体系和治理能力较为落后。邓小平同志很早就预料到这一问题，他曾于1992年视察南方时作出预测：“恐怕再有三十年的时间，我们才会在各方面形成一整套更加成熟、更加定型的制度。”[③] 党的十八大之后，习近平总书记在邓小平同志战略思想的基础上，进一步提出要“完善和发展中国特色社会主义制度，推进国家治理体系和治理能力现代化”，并将其定位为我国全面深化改革的总目标。一个国家的制度及其执行的能力主要体现在这个国家的治理系统和治理能力等方面。具体到我国则表现为我党和政府治理国家与社会的各项制度所形成的体系，以及运用各项制度

---

① 参见王乐泉：《坚持和发展中国特色社会主义法治理论》，载《中国法学》2015年第5期，第5～13页。

② 参见徐汉明、林必恒等：《深化司法体制改革的理念、制度与方法》，载《法学评论》2014年第4期，第33～45页。

③ 参见王乐泉：《坚持和发展中国特色社会主义法治理论》，载《中国法学》2015年第5期，第5～13页。

及其体系处理国家各项事务的能力。因此，我党提出推进国家治理体系和治理能力现代化的命题，就是要提高我党和政府处理国家和社会各项事务的能力，实现国家治理的制度化和规范化。所以，将上述理论与要求结合到刑事政策这一国家治理犯罪的政策时，就是要求我党和政府在治理犯罪时要实现犯罪治理的制度化、规范化与程序化。这同时也是对刑事政策研究者提出的制度化命题。

第二章　刑事政策制度化的动因

刑事政策制度化命题的提出有着深刻的时代背景和强烈的现实需求。对于正处在转型期关键阶段的我国而言，制度建设是我国成功完成转型的最强依靠和保障。制度因稳定性和强制力而对于维持转型期社会的安定、治理犯罪而言是首选良药。历史的经验让我们明白了一个道理，人绝对没有制度可靠。我国历史上经历过持续时间最久的封建统治时期，“人治”思想在我国社会和文化中根深蒂固。即使在新中国成立以后，“人治”思想在很长一段时期仍然客观存在。改革开放之后，中国共产党及其领导下的中央政府对“政策治国”的理念进行了深刻的反思与批判，提出建设社会主义法治国家的目标和任务。

进入新时代之后，在习近平总书记的领导下，我国开启了全面推进社会主义法治建设的工作，意味着在未来的一段时间里“法治”将是国家建设和治理的关键词。法治建设及其实现注定是一个长期和艰巨的任务，是一场深刻的制度变革。法治的建设不仅仅表现为各项法律的制定与实施，还包括社会及文化对法治精神的认同与贯彻。要实现建设社会主义法治国家的目标，我们不能仅仅把目光停留在法律创设的层面上，还应更多地关注各种法律外的正式制度以及非正式制度。刑事政策作为国家犯罪治理领域的基本政策，代表着国家治理犯罪的核心理念与主要思路。我国要实现建设社会主义法治国家的目标，就必须实现犯罪治理的法治化，而刑事政策又是犯罪治理的指导思想与治理理念，因此我们就需要对刑事政策与法治建设二者间的关系进行考察与思考。从实现法治的目标来看，如果担心国家利用刑事政策作出有违法治精神的行为（如“严打”运动），那么将刑事政策完全转化成法律是法治要求的方法；但是刑事政策学和犯罪学的研究却早已告诉我们，犯罪的治理不能仅仅依靠法律，特别是以广义刑事政策观来看，犯罪治理是复杂的社会治理工作，需要形成由正式制度与非正式制度共同构成的治理体系，采用多元化的手段进行综合治理方可达到最佳效果。

因此，如果我们想要让刑事政策既符合法治精神，又能最大化地发挥治理犯罪的作用，就不能简单地把刑事政策法律化，需要我们从新的角度对如何让二者彼此协调、同时发挥最佳效果进行思考，刑事政策制度化的命题由此产生。

一、国家治理能力与治理体系现代化语境下的犯罪治理

国家的治理者以一定的方式和策略治理国家，同时需要以某种形式将他们的意志表达出来，使公众知晓，也为治理者的意志在由上而下地贯彻执行过程中提供依据。一旦治理者的意志通过某种形式被确定下来，一种国家治理政策就形成了。这些治国政策的制度化程度体现出治理方式和治理能力的差异。

（一）犯罪治理理念的演化

1.“罪刑人定”与“罪刑法定”

当治理者缺乏治理手段的时候，自然而然地会试图依赖命令性的政策的力量实现治理目标。在封建统治时期，国家的治理者为皇帝，国家的治理政策就是皇帝的个人意志，通常以圣旨等指令的形式进行发布和记录，皇帝可以随时改动律法，提高税收或赦免囚徒。较早结束封建统

治的国家，如英国、法国、德国等西方国家，因为率先进行了资产阶级民主革命，经过数百年的发展，目前已达到较高的民主程度，成为所谓的“民主典范”。资产阶级民主革命攻击封建统治的主要诉求就是反对封建统治者的独断专行。为了限制统治者的权力和避免独裁者的出现，立法就成为民主革命者们最仰仗的手段。在这个过程中，“罪刑法定”原则逐渐地发展出来，最终为所有人所认同，写进了所有近现代民主国家的刑法典之中。

现在学界一般认为“罪刑法定”原则起源于 13 世纪的《英国大宪章》，经过 18 世纪的资产阶级民主革命，“罪刑法定”原则成为现代刑法学的根基之一。可以看出，“罪刑法定”原则从一开始就是为了反对封建统治而生的。因为封建律法“刑民不分”，且以刑罚为主，刑罚权就是封建统治者掌握其臣民生杀的命门。所以，资产阶级民主革命明确地提出“罪刑法定”就是要将刑罚权从封建君主手中夺过来，并通过立法的方式确保其不会被掌握在个人手中，避免滥用刑罚权的现象再次发生。表面上看，这只是限制了统治者手中的一项权力；而从国家治理的角度来看，“罪刑法定”原则表达的是革命者们希望国家治理以确定和稳定的方式进行，不能随意和善变，这也正是笔者认为的“罪刑法定”原则的“最初的梦想”。虽然最后“罪刑法定”原则被定位为一项刑法基本原则，但无论是“罪刑法定”的起源——《英国大宪章》，还是第一次确定该原则的 18 世纪的《法国人权宣言》，都属于宪法性文件，这也就意味着“罪刑法定”原则最初应是一项宪法原则，从一个侧面反映出“罪刑法定”原则是从国家治理的层面对治理者提出的要求。

随着世界范围的资产阶级民主革命的进行，“罪刑法定”原则以及与其相辅相成的“法治”精神在全世界得到传播。在现代刑法快速发展的同时，刑事政策作为一种全新的理念逐渐从刑法学中分离出来，在经历了费尔巴哈、李斯特和马克·安塞尔等人的发展之后，已经成为与刑法并驾齐驱的治理犯罪的重要手段。刑事政策从广义上作为国家政策的一种，是治理者的意志在犯罪治理领域的具体体现。由于“罪刑法定”被定位为刑法的基本原则，刑法的确定性与刑事政策所具有的灵活性之间就产生了几乎不可调和的矛盾。这种矛盾最早被李斯特指出，被后人称为“李斯特鸿沟”。但是，如果我们将时间的指针拨回至18世纪的资本主义民主革命时期，以当时革命者的心境去想象，难道他们真的希望以后在确定的法律之外还有可随治理者意志随意改变的“政策”存在吗？笔者认为，“罪刑法定”原则的“最初的梦想”就是要避免国家治理的方式和手段随意与善变的现象出现，如果我们允许刑事政策可以由治理者随意地制定、肆意地执行、恣意地变更，那么这种国家治理方式的存在将是对致力于实现“法治”的先人们的亵渎。这样的刑事政策当然会与贯彻“罪刑法定”原则的刑法水火不容。

2. 我国犯罪治理理念的演化

新中国成立之后，我国面临“一穷二白”的困境，对内要大力发展国内经济，对外要防范帝国主义的阳谋阴谋，党和政府的任务十分艰巨。在这样的环境下，中央政府需要有强有力的执行力才能够集中力量完成任务，“政策治国”非常符合国家治理的需要。与法律相比，原则性与灵活性相统一是政策的特点，对于成立初期，法律体系尚未完备的新中国来说，政策在国家治理中的作用和地位是十分重要和无法替代的。但是，如果长期采用政策治国的方式必然会有损于对法治精神的贯彻。20世纪50年代初期，我国除了颁布个别单行刑法外，没有形成完整和系统的刑事法律体系，刑事政策事实上取代了刑事法律的地位，发挥着刑事法律的作用。当时的刑事政策也具有明显的时代特点，不仅体现为原则性的规定，同时还包含一些具体的类似法律规范的规定，可以作为当时司法实践中定罪量刑的依据。① 在政策治国或“政策主导”时期，最具代表性也是最有影响力的是镇压与宽大相结合政策和惩办与宽大相结合政策，二者发挥作用的时间区间不同，后者是对前者的继承与发展。

镇压与宽大相结合政策的起源最早可追溯到中华苏维埃共和国时

① 参见肖扬主编：《中国刑事政策和策略问题》，法律出版社1996年版，第7~8页。转引自卢建平：《中国犯罪治理研究报告》，清华大学出版社2015年版，第122页。

期。1931年年底，当时的苏维埃共和国发布了《中华苏维埃共和国中央执行委员会第六号训令》，该训令明确表示要对反革命分子依据阶级成分区别对待，成分差的要“严肃处置”，成分好的要“从宽处置”。虽然该文件并没有明确采用“镇压”的表述，但可以看出其与之后的“镇压与宽大相结合政策”具有渊源。后来经过一系列文件的补充和解释，最终于1949年完整成型。[①] 我国学者指出，镇压与宽大相结合政策并不能称为现代意义上的刑事政策，只是一种政治策略。[②] 该政策主要作用于镇压反革命运动和“三反”“五反”运动，对于在当时的环境下稳固新政权和社会安定发挥了重要作用。但是，过于依赖政策治国、忽视法制建设，最终导致在实践中出现了一些违背法治精神的案例。例如，由于政策一般以原则性规定为主，对于“宽大”没有具体运用标准，因而早期惩治反革命时过于宽大，引起一些不满情绪。[③] 而后为了纠正前期的偏差，加大了镇压反革命的力度和严厉程度，但又出现了镇压“扩大化”的现象，大量的反革命分子被判处死刑，而且有继续扩大的趋势。[④]

直至我国社会主义改造完成之后，也就是1956年前后，我党认为我国的主要矛盾已经从阶级斗争转移到了我国强烈的生产需求与落后的生产力之间的矛盾，才于党的八大报告中完成了从镇压与宽大相结合政策向惩办与宽大相结合政策的转换。有学者指出，惩办与宽大相结合政策是我国的第一个基本刑事政策，该政策适用于包括反革命犯罪在内的所有犯罪。从镇压与宽大相结合政策到惩办与宽大相结合政策的转换过程，就是一个我国刑事政策发展史上从刑事政策作为政治斗争策略到现代意义的刑事政策的转变过程。[⑤] 惩办与宽大相结合政策是新中国成立

---

① 参见卢建平：《刑事政策与刑法变革》，中国人民公安大学出版社2011年版，第122～123页。

② 参见卢建平：《中国犯罪治理研究报告》，清华大学出版社2015年版，第124页。

③ 参见彭真：《彭真致周恩来转毛泽东》。转引自杨奎松：《新中国“镇压反革命”运动研究》，载《史学月刊》2006年第1期，第45～61页。

④ 参见卢建平：《中国犯罪治理研究报告》，清华大学出版社2015年版，第126页。

⑤ 参见陈兴良：《刑事法治视野中的刑事政策》，载陈兴良主编：《中国刑事政策检讨：以“严打”刑事政策为视角》，中国检察出版社2004年版，第120页。

以来使用时间最久的一项基本刑事政策，从 1956 年明确提出之后，直至 21 世纪初宽严相济刑事政策提出之前，都在以我国的基本刑事政策的地位发挥着作用。在惩办与宽大相结合政策发挥作用的时期里，该政策既在一些方面发挥了积极的作用，但也在另一些方面产生了消极和负面的效果，需要一分为二地看待。

对于普通刑事犯罪的治理，惩办与宽大相结合的政策无疑发挥了积极且有效的作用，起到了很好的社会效果。特别是当时我国的计划经济体制，为惩办和宽大相结合政策作用的发挥提供了良好的制度环境和基础。1961～1965 年，全国犯罪率逐年下降，社会治安形势明显改善。但是，当面对反革命等政治犯罪时，惩办与宽大相结合政策却仅表现出了其“惩办”的一面，当时对右派的处理是严重地扩大化了的，造成了大量的冤假错案，众多的无辜干部和群众因此遭受折磨，为党、国家和人民带来无法挽回和弥补的损失。

从镇压与宽大相结合政策和惩办与宽大相结合政策的实践结果来看，在“政策主导”的治国理念和模式下，政策的制定和实施、其作用和使用效果都具有较大的随意性，有时甚至因为个人意志就会让政策的使用效果完全逆转。特别是在缺乏法制建设的环境下，政策的适用可以说几乎没有任何限制，其内涵与外延的解释也极大地依靠个人意志，极易产生滥用或扩大化的现象。这样的治国方式与现代法治国家的理念存在较大差距。我国现今提出全面深化社会主义法治建设，就必须对历史的经验教训予以重视，深刻地认识到政策没有制度约束会产生多么严重的后果。

缺少法制保障的政策极易产生滥用的危险，那是不是只要有了较为健全的法制就完全可以避免“政策主导”的现象出现？从我国历史来看，这个答案应该是否定的。“文化大革命”期间我国政法系统遭受严重破坏，基本处于瘫痪之中，法律已经被破坏殆尽，国家的治理全靠极少数人的意志来实现。这些极少数人的意志以“政策”的名义控制国家的一切大小事务，对国家的发展、人民的生活造成了极其严重的、不可估量的损害。这个时期是“政策”治国的极端体现，给党和人民带来了血与泪的教训。改革开放之后，我国逐步清扫“文化大革命”毒瘤，吸取教训，改变了“政策治国”的国家治理方式，恢复法制，坚决地以建立社会主义法治国家为未来的国家发展方向和目标。但是在转型过程中，难免会有反复。

以对犯罪的治理为例，“严打”的刑事政策就体现了国家制定刑事政策的随意性，是犯罪治理手段缺乏的表现。[①] 随着改革开放的展开，我国开始了从计划经济向市场经济的转变。经济制度的转变带来了人们生活方式的改变，一夜之间人们发现自己的生活正在发生翻天覆地的变化，买东西再也不需要定额，个体户如雨后春笋般涌出；越来越多的人辞去过去让人们艳羡的所谓“稳定”工作，开始“下海”。同时，人与人之间交往的增加必然带来更多的矛盾和摩擦，经济发展不均衡的客观事实也极大地冲击着很多人的内心世界。越来越多的人开始迷失在经济发展的浪潮之中。面对着犯罪率激增和未成年人犯罪越来越低龄化的社会现象，刚刚从“文化大革命”中恢复过来、全力发展经济的党和政府采取了“乱世用重典”的治理思路，开始了“严打”。虽然在当时我国已经对“政策治国”的治国理念进行反思，也开始建设社会主义法制，但是制度的建设往往需要一个较为漫长的过程，起效也较为缓慢。在这个过程中难免出现逾越正常法律程序的行为，有违背法治精神的嫌疑。[②] 但鉴于当时犯罪浪潮来势汹汹，我党和政府从来没有过相关经验，为了尽快地压制犯罪的势头，还人民一个安定的社会环境，采取“严打”刑事政策是符合我国当时的现实基础的。[③]

---

① 参见严励：《“严打”刑事政策的理性审读》，载《上海大学学报（社会科学版）》2004年第4期，第5～18页。

② 参见严励：《“严打”刑事政策的理性审读》，载《上海大学学报（社会科学版）》2004年第4期，第10～18页。

③ 参见陈兴良：《严打利弊之议》，载《河南省政法管理干部学院学报》2004年第5期，第120～123页。

3. 犯罪治理能力和治理体系现代化的要求与体现

我国历史上“重刑主义”从来没有能够真正地解决问题。[①] 明太祖朱元璋是“重刑主义”的忠实信徒，但是在他治下贪污腐败现象却屡禁不止，甚至越禁越烈。究其原因，就是刑罚本身就是治标不治本的犯罪治理手段，试图利用重刑打击犯罪，只能在短期内起到作用，一旦重刑的威慑力有所降低，犯罪必将卷土重来，甚至更为猛烈。而且单纯地依靠刑罚来治理犯罪，本身就意味着治理者手段的缺乏和不自信。现代化的犯罪治理方式应当是稳定和长效的，制度构建是首选。相比随意性较大的政策，制度的突出特点就是稳定和长效。制度的制定本身需要科学的论证和完善的策划，一旦构建成功就会长期发挥作用，这是现代化的犯罪治理能力的体现。我国历史上对“政策治国”的迷信为国家和人民带来了巨大灾难，而制度的构建是避免这种悲剧再次发生的关键。

虽然“严打”政策能够取得一定的打击犯罪的效果，但无论从制定程序还是执行程序上检讨，当时“严打”政策的制定和执行都带有极大的随意性和不确定性。比如，谁有权制定“刑事政策”，而“严打”政策的制定主体又是谁？“严打”政策应该怎样执行？标准应该怎样确定？这些问题都还没来得及探讨，“严打”就已经在全国范围内开展。关于“严打”的弊端，已经有太多学者进行评论，在此不必赘述。但必须明确指出的是，如果不对刑事政策制定、执行和变更进行制度化的构建，那么类似于“严打”政策的与法治精神明显相悖的刑事政策将无法杜绝。

有了较为完善的法律体系为何仍然不能阻止“政策主导”的现象出现？原因就在于刑事政策治理对象的特殊性和手段的多样化。刑事政策是治理犯罪的学问，是国家和社会据以组织对犯罪的反应的策略。而现代犯罪学的研究早已经让我们明白，社会原因是引起犯罪发生的最主要原因，犯罪的治理必须依靠多元化的手段、多主体的参与共同完成。单

① 参见苏惠渔、孙万怀：《“严打”方针的刑法学思考》，载《法学》2002年第1期，第26～32页。

一依靠法律治理犯罪的时代早已一去不复返。因此，刑事政策为了达成现代化的犯罪治理方式所要求的任务和目标，其调控的内容也应超越刑事法律管控的范围，以更广阔的视角系统地组织对犯罪的反应。而对于刑事政策中超出刑事法律管控范围的内容，刑事法律是无能为力的。所以，即使我国已经建立了完善的法律体系，刑事政策在制定和实践中还是存在出现有违法治精神现象的风险。对于这样的矛盾，德国刑法学家李斯特早就有所论述，他直言“罪刑法定是刑事政策不可逾越的樊篱”，就是希望通过罪刑法定原则来限制刑事政策被滥用的风险。时过境迁，对于已经进入21世纪且正处于社会转型期的我国而言，在犯罪综合治理的模式下，我国刑事政策所调控的内容早已不限于刑事法律，犯罪治理中越来越多的社会参与也让非正式制度内容被纳入刑事政策的管理范围。单单依靠罪刑法定原则已经不足以规避刑事政策失控的风险。因此，我们需要对刑事政策提出更加全面和高阶的标准，满足我国建设中国特色社会主义法治国家的需要。所以，我们必须在全面深化社会主义法治建设的同时，对如何既能让刑事政策满足法治的要求，又能最大化地发挥治理犯罪的作用这个问题进行思考。随着思考的深入，以及对其他人文社会学科成果的参考和借鉴，笔者逐渐将目光转向“制度”。通过建立完善的符合法治精神的制度，让刑事政策通过制度化的方式发挥作用，是协调刑事政策和法治关系的最佳方案。因此，刑事政策的制度化是我国“依法治国”的题中之义。

（二）刑事政策制度化——犯罪治理的统摄性理论

党的十五大提出“依法治国”的命题，十六大确立了“依法治国”的基本方略，标志着我国从以往依靠“政策”或者说主要依靠“政策”的治国方略转变为“依法治国”。十八大提出全面推进依法治国，标志着我国要在一切领域推进“依法治国”，建设真正的“法治国家”。而“依法治国”的核心理念就是依靠规范治理国家，将国家的一切行为纳入规范体系中来，因此刑事政策作为国家制定的一项治国政策，也必须被纳入规范体系中，这样才符合“依法治国”的要求。

中共中央《关于全面推进依法治国若干重大问题的决定》是我国最

新的社会主义法治建设指导方针和路线图，是我国法治建设历史上具有划时代意义的重大事件。社会主义法治的建设是一个复杂而精密的工程，需要构建完善的法律制度、高效的法律执行体系、完备的法治监察系统以及有效的法治保障措施。这些组成部分涉及我国政治、经济、社会和文化的方方面面，需要各行各业、全国人民共同配合与努力，任重而道远。我们应该深刻认识到，社会主义法治的建设本质上就是一场制度的变革。我们必须从制度变革的立场和视角，首先确立一个统摄性理论，为我国法治建设提供理论指导。

在人文社会科学的发展史中，概念的革命往往会带来重大的理论革命和创新。有学者认为那些具有科学革命意义的概念就是统摄性概念，而依托统摄性概念建立起来的理论则为统摄性理论。[①]

卢曼曾经向世人发问道："我们把什么概念作为社会的基础和这对社会与法律之间关系的分析有什么结果？"[②] 他认为还没有人能够给出一个能够令人满意的答案。深思"卢曼之问"，会为我们的社会科学的研究和社会问题的解决带来新的视角和灵感。因为一种理论必然会以一种概念为基础与核心，不同概念支撑下的理论会产生不同问题解决方案和效果。因此，概念的创新会为我们带来理论的创新，以及问题解决方式的创新。从人类的发展历史来看，社会的变革都始于理论的创新，而理论的创新又始于概念的革命。不仅是人文科学，自然科学同样如此。事实上人类社会的变革往往都是开始于一个概念的创新。对于正处在社会主义法治建设关键时期的我国而言，构建社会主义法治同样需要进行概念上的革命与创新，以带动相关理论的创新与发展，为社会主义法治建设提供理论指导。回顾改革开放之后我党和政府的执政经验就不难发现，我党习惯于提出统摄性理论来对国家和社会的发展方向作出关键性的指引，如改革开放初期提出"社会主义初期阶段"和"社会主义市场

---

① 参见欧阳景根：《作为制度变革的法治建设模式——一种统摄性法治理论的建构》，载《政治学研究》2015 年第 4 期，第 62～72 页。

② 卢曼：《社会的法律》，郑伊倩译，人民出版社 2009 年版，第 291 页。

经济体制”的概念，以及现今指导我国法治建设的中国特色社会主义法治理论等。

能否进行概念创新或者说统摄性概念的创新，直接影响我国社会主义法治建设的方向和效率。十一届三中全会以来，我党和理论界都对社会主义的建设进行了理论上的深入研究和探讨，创新了一系列概念和理论，特别是社会主义法治建设的相关理论，先后经历了“正名法治”、“定义法治”和“量化法治”三个阶段。[①] 现今有越来越多的专家学者开始重视我国社会主义法治的统摄性理论研究，也各自提出了不同的理论主张，其中以钱弘道教授和凌斌教授分别提出的中国法治实践学派和法民关系论最具代表性。

钱弘道教授提出了“中国法治实践学派”的概念。他的这个结论是建立在对地方法治建设的实证调查结果的基础上的。他统计和分析了余杭法治指数、湖州市吴兴区法院司法透明指数以及杭州市电子政府发展指数等，认为当今我国正在形成一个以实践为中心的法治建设模式，简称“法治实践学派”。[②] 他进一步地将中国法治实践学派定义为“以中国法治为研究对象，以探寻中国法治发展道路为目标，以实验、实践、实证为研究方法，注重现实、实效，具有中国特色、中国气派、中国风格的学术群体的总称”。[③]

凌斌教授提出的法民关系论与钱弘道教授的理论有较大不同。在他看来，法治的核心就是处理“法律人与普通人围绕法律解释权分配形成的主体间关系”，“法民关系论是从普通人和法律人的主体间关系，来理解不同主体的相互影响和对法律实践的共同塑造”，“司法公信和法治信

① 参见张志铭、于浩：《共和国法治认识的逻辑展开》，载《法学研究》2013 年第 3 期，第 3～16 页。

② 参见钱弘道：《中国法治实践学派正在形成》，载《中国法治实践学派》，法律出版社 2014 年版，第 25～29 页。

③ 参见钱弘道：《中国法治的一块试验田——兼及中国法治实践学派的宗旨》，载《中国法治实践学派》，法律出版社 2014 年版，第 8～14 页。

仰是法民关系的宏观体现”。[①]

对于二位学者提出的统摄性概念，有学者认为这些理论都具有一定程度的缺陷。欧阳景根教授认为钱弘道教授的观点对于单一制度的作用有夸大之嫌，过于乐观地估计单一制度对提高中国法治建设总体水平的作用和意义；对于凌斌教授的法民关系理论，他认为该理论视野较为狭窄，只专注于司法领域这一个方面，而忽略了法治建设过程中涉及的立法、执法过程，没有把法治建设看作一个多方面联动的整体过程。[②]

总之，这两种法治建设模式，都或多或少存在缺陷，最为突出的就是没有真正达到“统摄性”的高度。我国的社会主义法治建设影响到我国社会的方方面面，涉及一国政治、经济、文化等各方面内容，是一场深刻的制度变革。因此其指导理论也必然需要从宏观的视角对国家和社会进行制度化的改造。

在国家层面，我们需要社会主义法治建设的统摄性理论；在犯罪治理的领域我们同样需要适应社会主义法治建设的犯罪治理统摄性理论。这种理论必须能够符合社会主义法治理论的要求，能够贯彻其精神并与之相配合。既然在国家层面的社会主义法治建设是一场制度变革，那么这场制度变革映射到犯罪治理领域就应当是对刑事政策的制度化改造，只有如此才能够将国家对犯罪的治理纳入制度变革的法治进程中。从这个意义上来说，刑事政策制度化就是犯罪治理的统摄性理论。

二、从犯罪治理运动化走向犯罪治理制度化

犯罪的综合治理是治理犯罪的客观需要和必然选择。现代犯罪学对犯罪原因更加深入的研究向我们表明，犯罪原因是复杂和多样的，减少和消除犯罪的最有效方式是减少和消除犯罪原因的出现，这需要国家和社会共同协作，从多方面入手，利用多种手段对犯罪进行治理。在犯罪治理的过程中，如果不对我国治理犯罪的方式和手段进行约束，那么公

① 参见凌斌：《当代中国法治实践中的“法民关系”》，载《中国社会科学》2013年第1期，第151~16页。

② 参见欧阳景根：《作为制度变革的法治建设模式——一种统摄性法治理论的建构》，载《政治学研究》2015年第4期，第62~72页。

民就会面临国家滥用权力的风险。法律所能调控的内容是有限的，法律管控范围之外的犯罪治理内容同样需要有约束的力量。制度是最稳定的约束方式，制度化是让犯罪治理在法治范围内正常运作的有力保障。

（一）犯罪治理需要以制度化方式进行

从犯罪学的发展来看，犯罪学将自然科学的分析方法引入对犯罪的研究，从此犯罪学的研究进入了新的纪元，不再是纯粹的理性辨析，而是通过实证的分析进行具体的、科学的论证。犯罪治理的目的是惩罚犯罪和预防犯罪，其中预防犯罪是最关键的部分，防患于未然才是最有效的犯罪治理方式。根据犯罪学中关于犯罪原因的理论，犯罪预防应与人类社会自我发展相同步。人类社会发展到何种程度直接决定犯罪治理能够达到的程度。人类自身和社会发展得越完善，犯罪现象就会越少。因此，人类发展的历史就可以看作是一个人类不断进步而犯罪现象不断缩减的过程。从这个意义上说，犯罪的预防就是关于社会的完善和人性的克服的理论，预防犯罪实践应当是一个社会改革和人性完善的实践过程。

1. 制度化促进人与社会的完善

首先，人与社会的完善是预防犯罪的最佳手段。预防犯罪的重中之重应该是对人类自身和社会的完善化，而不是简单依靠刑罚等强制措施。人与社会的完善，不是一种终极状态，而将是一个漫长而无止境的人类的自觉过程；与此相应，预防犯罪也不可能是一个一蹴而就的过程或有一个明确且清晰的终点，注定是一个不断地演化、发展和完善的漫长过程。从新制度经济学角度来看，人和社会的完善也无疑是一个永久的目标和话题。因为人的无知是构造性的、不可避免的，“理性人”是不存在的。人的知识水平、思想素养、道德修养与人所想要达成的目的相比，都具有不足性，这样才产生了稀缺性。同样地，社会是由人构成的，社会也不可避免地存在种种的缺陷。可以说，只要人的“构造性无知”特点不消除，人和社会的完善就是一个永久的课题。但是任何社会的完善不能依靠其自身进行。新制度经济学的研究表明，制度可以有效地缓解人的无知。制度为人提供信息和可靠的系统，减少人与人之间的在相互交往过程中的成本，让人能够更有效地进行自我完善的工作。因此，制度是促进人与社会完善的有效手段和方式。从这一点来说，预防犯罪最有效的途径就是通过制定各种有利于任何社会完善的制度。

2. 制度化利于平衡内部控制与外部控制

虽然犯罪预防最终的着眼点应该是人类与社会的完善，但这也不意味着不能使用控制手段，只是在这个过程中一定要适度使用社会控制。要注意的是这里所说的社会控制并不单单指刑罚，而是犯罪学意义上的社会控制，指用那些对个人或群体施加影响并促使其行为符合社会规范的强制性力量。具体而言，社会控制的方式多种多样，最常见和最具影响力的就是法律。除此之外，还有非法律的规章制度、道德、社会舆论、文化传统等。这些社会控制手段都能够对抑制和预防犯罪起到不同程度的作用。但是社会控制的强度也并非越高越好。社会控制的强度越高，社会的自由程度就越低，缺乏自由的社会会丧失生机与活力，直接影响经济建设和科技创新。所以对于社会控制的强度必须综合犯罪情况和社会状况进行适度的调节。如果长期使用高强度的社会控制手段，会对社会造成伤害，比如压制创新，滋生官僚主义和贪污腐败等。

社会控制根据作用方式的不同，存在外在控制和内在控制两种类型。外在控制一般是指国家或社会施加到个人身上的强制力。内在控制又可以称为自我控制，是个人通过自身的意志进行自我约束。社会控制需要内在控制与外在控制相互配合才能够真正发挥作用，任何一方过强或过弱都会严重地影响社会控制的效果。因此理想的犯罪预防和控制，必须重视处理内在控制与外在控制的关系。刑事政策作为国家治理犯罪的一项公共政策，从属性来看应当属于外在制度。而我国在犯罪治理的实践中，也都通过把刑事政策转化为法律或其他规范来实现刑事政策治疗犯罪的目的。但是如上所述，发挥内在制度的作用其实才是预防犯罪最关键的一环，也恰恰是我国刑事政策从治理思想到实践工作中都最缺乏的一环。刑事政策作为治理犯罪的指导性思想、方针和策略，应当从源头上转变态度，重视内在制度的作用和地位。应当加强刑事政策中社会主体的作用，通过制度化的手段将刑事政策具体化为切实可行的制度，通过制度的影响力使个体产生内部控制，利用更多的社会化方式实现刑事政策的犯罪治理目标。

（二）完善和推进犯罪综合治理制度化

在国家治理能力和治理体系现代化语境下，犯罪的综合治理模式是我国预防犯罪实践的最基本模式。基于广义的刑事政策观，犯罪的社会原因是犯罪的最主要原因，犯罪的预防需要依靠国家、社会和个人多个主体，以及正式控制和非正式控制等多种手段。我国犯罪预防的基本模式是综合治理模式。为了应对我国改革开放初期时面临的犯罪问题，我党和政府于 1981 年提出将综合治理作为犯罪预防的方针和实践模式。综合治理模式的提出和确定，标志着我国开始探寻利用多元化的手段和方式治理犯罪，改变以往的“重刑主义”治理思想和模式。这种新型化的治理模式，要求国家建立完善的治理体系，依靠全方位的制度体系进行社会控制，而不是依靠某项政策或某个文件，甚至某位领导人的讲话。

（1）提高犯罪治理主体的多元性

刑事政策主体应当是刑事政策过程中的参与者。[①] 一般认为刑事政策的主体仅仅指的是国家。如果从狭义的刑事政策观来理解的话，这种观点有一定的理论基础。但是如果从现今更为流行的广义刑事政策观来看，就过于狭隘了。因为如今犯罪的治理不论从理论上还是客观实践上，都已经摆脱了完全依靠国家的职权主义模式，而使用转为国家与社会的二元化模式。首先，惩罚犯罪分子的最终目的是对其进行改造，帮助其重新回归社会。在这个过程中如果忽视社会的作用，那么回归的效果将会大打折扣。现在将犯罪分子直接置于社会环境中进行改造成了主流的和更为科学的改造模式。这样就能够避免犯罪分子与社会脱节的情况发生，犯罪分子既然从未远离社会，也就无须回归社会。其次，刑事政策首先是一项公共政策，涉及人民的权益，因此在刑事政策的制定与

---

① 参见陈振明主编：《政策科学——公共政策分析导论》，中国人民大学出版社 2003 年版，第 77 页。

执行过程中，人民有权利参与其中。另外，随着国民社会的崛起，民众和社会的力量日渐强大，掌握的资源也更多。犯罪的治理是一个庞大和复杂的工作，如果仅仅依靠国家有时会显得捉襟见肘。那么吸收社会资源参与到犯罪治理之中就是国家与社会互惠互利的方式。现在越来越多的社会力量已经参与到犯罪预防的工作中来，如民间的保安公司等。① 所以，若要实现犯罪综合治理的目标，国家就必须重视社会力量的参与。然而我国现在的刑事政策都只是从国家层面提出犯罪治理理论，缺少对社会主体作用的重视。因此，我们必须利用法治化建设带来的制度变革的契机，通过刑事政策制度化的工作来确立社会主体在刑事政策中的主体地位和作用。

（2）保证犯罪治理模式的普适性

普适性是评价一个制度是否有效的首要标准。对普适性从三个方面进行评估，即一般性、确定性和开放性。犯罪综合治理涉及社会的方方面面，使用的手段也远超法律规范。但是在犯罪综合治理的过程中，犯罪治理的模式必须保证普适性，这样才能确保犯罪治理的相关制度能够发挥实效。

在犯罪治理领域，犯罪的表现形式往往是多种多样的，为了满足治理犯罪的多元化需求，犯罪治理的手段也同样种类繁多。而在具体针对某一种犯罪时，我们就会面临从众多的治理手段和方式中进行选择的问题。我们既要给予该犯罪相应的处罚，又要注意惩罚的力度不能过于严厉，这种选择和比较的工作与刑事政策有着密切的联系。② 我国在治理犯罪方面存在“重刑主义”的传统，并且在一段时间内仅依靠“政策”治理犯罪。这样的历史使我国犯罪治理方式较为单一，对犯罪的研究不够深入和细致。例如，我国至今仅有不成文的轻、重罪的划分，而相较于国外微罪、轻罪和重罪的犯罪分层模式而言，显得过于粗放。犯罪分

---

① 参见张志刚：《第三方文化：组织有效参与社会治理的精神支撑》，载《大连理工大学学报（社会科学版）》2014 年第 3 期，第 108～112 页。

② 参见储槐植：《刑事一体化论要》，北京大学出版社 2007 年版，第 80 页。

层的缺失带来的后果就是刑罚配置的不协调和失衡，容易出现重刑主义思潮，即刑事法网“厉而不严”的现象。这样的犯罪治理体系就不具有普适性。因此，我们应当对我国的犯罪体系进行更加细致的划分，并配以更加多元化的惩处方式，保障“罪责刑相适应”原则的实现。

其实随着国外先进的犯罪治理经验的传入，我国学界也一直呼吁效仿国外建立犯罪分层制度。特别是在劳教制度被取消之后，对以往的轻微违法行为该如何进行治理成为行政法领域与刑法领域争论的热门话题。观察国外的经验我们可以发现，对于轻微的违法犯罪国外一般认定为微罪或轻罪，同样属于刑法的管辖范畴。然而我国由于长期存在“重刑主义”的传统，刑罚严厉程度过高，导致这些轻微违法行为如果入罪就会面临较重的刑罚，这就是没有犯罪分层制度所导致的恶性循环。但是对于轻微的违法行为，如果交由行政法进行处罚，那么行为人的辩护权就无法得到充分保障，有违正当程序原则。① 所以，构建更加完善的犯罪分层制度就是未来我国犯罪治理的关键环节。对于刑事政策而言，就需要进行制度化的构建。

（3）构建犯罪治理体系的系统性

单个的制度虽然能够发挥一定的作用，但是必须与其他制度连接起来形成制度系统，才能发挥最大功效。从整体与部分的方法论角度来看，任何一种单项制度无论设计得再完美脱离了整体环境也将一无是处。刑事政策作为犯罪治理的学问，不应仅仅表现为单个的方针、政策，甚至是会谈纪要和领导讲话等。犯罪治理是一个复杂的工程，相应的刑事政策也应当通过一定数量的单项制度共同构建成为一个犯罪治理的制度体系。这样形成的治理体系就能够发挥整体性和组织性的特点。

从刑事一体化的角度考虑，刑事政策需要与其他刑事法律科学以及其他犯罪治理工具连接起来，形成一条完整的犯罪治理制度系统。刑事政策是国家治理犯罪的方略、思路，但是刑事政策不是犯罪治理的全

---

① 参见陈瑞华：《问题与主义之间：刑事诉讼基本问题研究》，中国人民大学出版社 2008 年版，第 29 页。

部。犯罪治理是一个复杂的系统工程，涉及社会的一切内容。因此刑事政策能仅满足于自身的建设，必须开阔视野，张开双臂，勇敢和主动地拥抱其他犯罪治理内容。从制度系统来说，单个制度的作用远没有制度系统的作用大、作用好。刑事政策想要更好地完成治理犯罪的终极使命，也必须在整体结构上从一维跃入多维，由平面进入立体，真正地成为“社会整体据以组织对犯罪现象的反应的方法的总和”。[①]

综上所述，随着人类对犯罪现象认识的不断深入，犯罪治理的理论也随之发展。从单纯地认为犯罪是一种法律现象，到“天生犯罪人”的提出，直至现在“新社会防卫运动”的开展和普及，我们可以明显发现人类与犯罪现象作斗争的趋势是：手段更加多样，方式更加复杂。这源于我们对犯罪原因的认识更加深入和细致。想要治理犯罪，单纯依靠刑罚的观念已经被世人摒弃，从犯罪原因入手、采用多元的综合治理手段才是现在最科学与可行的治理方法。而这样一个庞大的治理体系和工程的建立，必须依靠一种理论指导。刑事政策制度化正是从犯罪的综合治理的立场出发，为刑事政策提出的最新命题。

三、化解“李斯特鸿沟”之必然选择

（一）中国特色的“李斯特鸿沟”

“李斯特鸿沟”起源于德国，最早由李斯特提出，是为了厘清刑法体系中罪刑法定原则与刑事政策之间的界限。罗克辛从贯通刑法体系与刑事政策的角度出发，提出要将刑事政策与刑法体系进行融合，本质是要将实质判断引入犯罪论体系中，对犯罪论体系进行目的性改造。

我国现有关于“李斯特鸿沟”的探讨大多是以德国刑法理论为基础，少有人结合我国具体的实际情况来讨论我国的“李斯特鸿沟”。但是在笔者看来，“李斯特鸿沟”在我国呈现非常具有“中国特色”的外表与内涵，与之在德国的情景大相径庭。因而直接基于德国刑法理论进行的“李斯特鸿沟”以及罗克辛“跨越李斯特鸿沟”的讨论对我国而言

---

① 参见卢建平、姜瀛：《治理现代化视野下刑事政策重述》，载《社会科学战线》2015年第9期，第223~225页。

不具有直接借鉴性：

首先，表现形式不同。德国是世界刑法学术重镇，有着非常悠久的学术传统和历史。德国现行的犯罪论体系是德国刑法学不断继承和发展前人成果的结晶，被誉为“王冠上的明珠”。刑事政策也起源于德国，最早见于德国费尔巴哈的著作中。但是与德国的刑法学相比，刑事政策不仅起步晚、历史短，而且还经历从极狭义到相对广义的发展变化过程。因此在德国的刑事法律科学体系中，刑事政策处于天然弱势的地位。李斯特所划“李斯特鸿沟”，目的也是维护德国犯罪论体系的纯洁性和客观性。后来罗克辛所做的努力，就是为了提高刑事政策在德国刑法体系中的影响和地位。但是，中国的情况与德国恰恰相反。中国现行刑法体系源于1979年刑法典的颁布，在此之前中国长期存在依靠政策治理犯罪甚至整个国家的现实。因此，与德国不同，在中国刑事政策与刑法体系二者相比较而言，刑事政策处于强势地位，而刑法体系处于天然弱势地位。从这个角度而言，虽然中国与德国一样要处理刑事政策与刑法体系的关系，一边要维护刑法中罪刑法定原则不受破坏，另一边又要发挥刑事政策的作用，但是二者所面临的现实状况却是截然相反的。

其次，理论基础不同。“李斯特鸿沟”是德国学者以德国刑法体系为基础，对刑法与刑事政策的关系进行的思考。其实质是要保障刑法体系中罪刑法定的原则不受到刑事政策的突破。“李斯特鸿沟”形成的两个要素分别是：恪守形式理性的犯罪论体系和代表实质理性的刑事政策。然而对中国来说，并没有形成如德国那样的“李斯特鸿沟”的基础。因为我国的犯罪论体系来源于苏俄刑法体系，我国现行的四要件犯罪论体系与德国的三阶层犯罪论体系有显著的差异。而我国的刑事政策理论却基本上继承了德国、法国的理论和认知。如此一来我国的刑法体系与刑事政策的关系与德国的情况就有着本质的差异，因为四要件的犯罪论体系本身就具有价值评判的功能，即主客观相统一的犯罪论体系，因此罗克辛提出的“跨越李斯特鸿沟”将目的理性引入犯罪论体系中的问题在我国根本就不存在。我国所面临的刑法体系与刑事政策的问题，重点在于如何合理地限制或改造刑法体系中实质评价的内容，换言之，是要考虑如何限制我国现在刑事政策对刑法体系影响过强的现象，而不是像德国那样要将实质评价引入刑法体系，增强刑事政策的作用。

（二）制度化是连接刑事政策与刑法体系的关键

在经过威尔策尔和罗克辛的目的刑法改造之后，特别是罗克辛提出“李斯特鸿沟贯通”之后，德国刑法体系已经接受了将刑事政策纳入刑法体系进行考虑的观点，不仅在刑罚配置方面，在犯罪论中也应当体现刑事政策的指导作用。因此，“李斯特鸿沟”问题的现状是：已经基本就刑事政策和刑法体系关系的模式达成共识，即改变过去刑事政策游离于刑法体系之外的状况，把刑事政策作为刑法体系中的考量因素之一，在刑法体系内讨论刑事政策对刑法体系的影响。这样的观点也为我国众多学者所接受。得益于此，对于我国刑法体系和刑事政策而言，也就解决了一个最基本的问题——刑法体系与刑事政策的关系应该是怎样的。而为了实现将刑事政策纳入刑法体系内进行研究的目的，现今我国一些致力于化解“李斯特鸿沟”研究的学者，提出了若干解决办法，其中最具代表性的就是构建我国“刑法教义学”的建议。这样的建议是对上述基本问题的自然延伸，即为了达成我们预设的刑法体系与刑事政策关系模式的目标，我们需要怎样的刑法体系？如此一来，我们就重新把目光聚焦于刑事法律科学的核心——刑法教义学，或者称为刑法解释学。这样的回归具有内在的合理性与科学性。但是，刑法体系与刑事政策作为“隔沟”相望的两岸，我们试图处理他们二者之间关系的努力，无论是要“贯通”，还是要“跨越”，都应该坚持两者是双向的互动关系，而不应只是站在一岸孤独地呐喊。因此，我们在努力地破解“我们需要怎样的刑法体系”时，同时也要思考“我们需要怎样的刑事政策”。对于后者，就需要我们对刑事政策进行制度化的研究。

刑事政策制度化是一个全新的命题。一个命题的提出必然有着其内在的动因。刑事政策之所以需要进行制度化，与我国正在进行的社会主义法治国家的建设是密不可分的。我国是世界上经历封建统治时期最长的国家，有着悠久的“人治”历史和根深蒂固的“人治”文化认同。在新中国成立时，世界各主要发达国家已经具备较高的民主发展水平，我国此后还经历了“文化大革命”的十年浩劫，法制建设遭受重大挫折。改革开放之后，我党和政府下决心恢复法制，创建了较为完善的社会主义法制体系。进入新世纪之后，随着我国经济的腾飞，国家和人们都越发地意识到制度对一个国家和民族发展的重要性。党中央适时地提出建设社会主义法治国家的命题，十八大之后又确立了全面推进社会主义法治国家建设的目标和方向。这一切都意味着中国正在经历一场制度变革，如果变革成功，将会极大地提高中国的民主程度和法治水平，无论是国家发展还是人民生活都将从中受益匪浅。而制度变革的核心就是制度的建立。对于刑事法律科学而言，建设社会主义法治当然包括刑事法律法治化的内容。刑事政策作为对刑事法律起着指导作用的理论，必须帮助刑事法律完成法治化的建构。然而对于刑事政策本身而言，其自身的法治化又将如何进行？刑事政策本身不是法律，也不可能完全转变为法律。如果我们想要规避刑事政策作为一种“政策”可能出现的有违法治的风险，最合理和最科学、可行的方法还是依靠制度。相较于人类，制度更加稳定和可靠，与其寄希望于实践中人人都能完美地领会和贯彻刑事政策的精神和要求，不如为刑事政策构建完善的制度体系，通过具体和细化的制度让刑事政策稳定地发挥功效。从这个意义上来说，中国特色社会主义法治建设就是刑事政策制度化的最大动因。

第三章　刑事政策制度化的路径

一、刑事政策制度化路径之域外经验考察

刑事政策的概念最早起源于德国，后来德国刑法学家李斯特又对其发展做出了巨大的贡献，可以说刑事政策与德国渊源颇深。德国在刑法学的研究上处于世界领先地位，被很多人视为西方法治和民主的一种典范。然而德国现今之所以如此信奉民主与法治，也是经历了血与泪的教训之后才有的觉悟。作为人类历史上仅有的两次世界大战的发起者，德国政府和人民做了很多努力不让悲剧再次发生。当代德国政府格外地注重处理政党与法律之间的关系。本节着重考察德国在处理政党纪律与国家法律之间关系的先进经验，以及其他刑事政策制度化的途径和方式，为我国处理相关问题提供参考和借鉴。

（一）刑事政策制定的制度化路径

1. 党纪与国法的关系制度化

在现代国家中，政党无疑是国家政治活动的主角，而执政党作为国家的领导者，享有国家主要活动的决定权，是国家政治活动的核心。执政党为了尽可

能地延长自己执政的时间，一般会通过制定党规党纪管理自己的组织，提高自己的执政能力。由于执政党对于一国政策之制定具有很大的决定权，因此一国与犯罪作斗争的政策也在很大程度上体现着执政党的意志。那么当执政党的成员违法甚至犯罪时，就会出现党规党纪与一国正式法律之间的衔接与配合问题；特别是对于执政党来说，如何处理这两种政策之间关系，直接体现出其执政能力和执政水平。

作为大陆法系的主要代表国家，特别是刑法与刑事政策发展极为发达的国家，德国以在宪法中明确党规党纪与国法之间的关系为基础，依靠法律制度监督和确保政党的行为始终在法治的框架下进行，从而使德国政党呈现出制度化与法制化的特点。同时建立了党内仲裁的制度，从此政党内部的争议和党规党纪问题可以适用国家的民主制度以及司法程序解决。于是就搭建了由党内仲裁和党规党纪两层次的规范和约束体系，将国家法律与党规党纪有机地结合在一起。

第二次世界大战后，德国对于处理党规党纪与法律的关系颇有心得。他们在吸取纳粹德国时期的经验教训之后，创新性地构建了一套非常具有特色的“政党法制”。首先以《基本法》为基础性法律，并配备《政党法》《选举法》等一般性法律。德国通过《基本法》第一次在宪法中明确规定了政党建立自由、政党参与政治决议、政党财产公开等政党的权利和义务；并规定任何政党或党员试图推翻民主制度和程序都是违背宪法的，政党一旦被认为涉嫌违宪将直接由联邦宪法法院进行裁判。①

为了避免纳粹德国时期独裁状况的再次出现，德国政府决心改革政党的运行机制和体系，通过制定法律规定任何政党的行为，无论外部行为还是内部行为都必须遵循民主的原则，党员也和选民一样具有基本的政治权利。引入民主机制之后，德国的政党在具体运行过程当中就更加

---

① 参见姜士林、陈玮主编：《世界宪法大全：上卷》，中国广播电视出版社1989年版，第707页。转引自周淑真、袁野：《论国家法律与党纪党规关系之协调——以当代德国为例》，载《中共中央党校学报》2015年第3期，第24～29页。

民主化。为了确保这样的制度能够切实得到执行，德国专门制定了关于政党的法律即《政党法》，将《基本法》的规定制度化为具体的、可操作的条文。而且德国还保持对《政党法》的更新，于2011年进行了最新的一次修订。

《政党法》中关于违反政党纪律的处分主要有两种：一种是一般性的处分，另一种是开除的处分。一般性处分包括警告、训斥、解除党内职务、暂时停止党员权利等。开除党籍是最严厉的处分，通常要作出这样的处分必须经过党内仲裁程序才行。

从上述这些党员权益和处分的规定我们不难发现，《政党法》非常注重保障党员的合法权益，强调对党员的保护以及参与政党决议的权益。这样的保障机制可以有效地保障党内民主的形成，避免少数党员通过通知政党随意地对党员进行处分。而且党内仲裁程序为党员权利的救济提供了途径，为那些试图形成寡头政治的人制造了障碍。①

他山之石，可以攻玉。德国作为世界上先进的民主与法治国家，特别是经历过独裁时期和“政策治国”教训的国家，其对政党与法律关系的处理尤其值得我国借鉴和学习：②

第一，对政党纪律进行制度化建构。

德国政党纪律的制度化表现在形式与实质两个方面。首先，德国党规党纪的执行机关在形式上完全效仿德国的司法制度，不仅配备有合议庭、陪审等审判制度，还有更加细致的如回避、辩论、上诉等制度。可以说，德国的政党仲裁程序就是一次庭审。这样的制度可以在形式上保障程序正义，为民主的实现奠定基础。而且党内仲裁程序的参与人员也都是经过挑选的具备专业知识和背景的人员，保证了仲裁的公平性。因此，德国政党纪律在形式上就与法律规范保持了统一。

德国政党纪律的制度化不仅表现在形式上，在实质内容层面也体现

---

①　参见周敬青主编：《中德政党理论与实践研究》，中共中党校出版社2006年版，第263页。

②　参见周淑真、袁野：《论国家法律与党纪党规关系之协调——以当代德国为例》，载《中共中央党校学报》2015年第3期，第24~29页。

了制度化。德国为了处理政党纪律与国家法律之间的关系，构建了政党纪律与国家法律的优先级制度，政党纪律与国家法律规范之间有着明确而规范的高低、先后关系。德国政党纪律的规定所管辖和约束的范围和强度都十分有限，最严重的处分无非开除党籍，党内的处分通常只会影响到该党员在政党内的政治前程，而不能对其进行违法行为的前置调查，更不能出现替代司法调查程序这样越俎代庖的行为。政党纪律与法律泾渭分明。因此，德国政党内部的党纪处分通常来讲只具有政治意义，而不必然与司法程序联系在一起。同时，这样具有清晰界限的党法关系，也使得政党无法轻易地干扰甚至控制司法，法律成为政党外部最强有力的约束机制，保障政党纪律能够切实有效地实施。这样的制度既能够让政党纪律和法律充分发挥各自的价值和作用，又能够达到政党纪律与国家法律的和谐统一。

第二，政党纪律在受到国家法律规范的同时保持自身的独立性与特质。

虽然德国的政党纪律受到国家法律的严格规范，其与国家法律之间的界限非常清晰和明确，但是这不意味着政党纪律就是法律的附属工具。由于政党组织的特殊性，政党纪律不仅有着法律所不能及的特点，还有着与法律截然不同的、针对政党组织的特别规定。德国通过将国家民主制度引入政党内部来对政党组织和纪律进行制度化的构建，但并不是所有的国家民主原则和内容都适用于政党组织。例如，三权分立原则在政党内部根本没有用武之地，这是由政党组织的特殊性决定的。同时，党员作为政党组织的成员，在入党之后既享有一定的权利，也需要承担相应的义务。虽然在党内应当保障党员的言论自由，实现党内民主，但是任何一个政党都不可能允许其党员对外公开反对该党。党员在政党外部活动时，不仅应与政党的要求相符，还具有更大的谨慎义务，避免影响政党的形象和声誉，为政党带来不利的后果。这样的规定与公务员和国家机关之间的关系有着明显的差异。法律不能规定国家机关的工作人员不能公开质疑其就职的机关，相反，每一名公民都享有对国家机关的监督权，即使是该机关的工作人员同样享有这样的权利。因此，基于政党组织的特殊性，政党纪律在与法律保持协调统一的同时，还必须坚持自身的特殊性。[①]

第三，通过法制化的手段保障政党纪律的实施。

在世界范围内，德国是率先利用立法的手段规范政党行为的国家。法律作为一种外部控制手段，一旦得到切实的执行，最终会转化为内部控制。对于政党来说同样如此。外在的法律控制对政党内部的纪律起着引导和规范的作用，促进政党内部法制化的实现。德国对独裁的反思成果之一就是相信制度的力量。德国的各个政党都非常重视党内的制度设计，通过建设完善且有效的制度保障政党健康和有序的发展。因此，德国政党内部都存在大量的体现民主精神和民主原则的制度设计，这些制度最终帮助政党通过民主的方式运行，使党内民主真正得到落实。[②] 政党政治的法制化、党内活动的制度化是德国政党的一大特征。政党纪律依据制度化的要求，对于所规定的内容和约束的范围都有着相近的规划，切实做到有章可循、有法可依、违章必究；而且民主制度保证了这些纪律不会因为党员在党内职务的高低而区别对待，甚至为高层的领导者设计了更加严明的纪律规范。

综上所述，我们可以看出在当今以政党为主角的世界政治形势下，如何处理好政党纪律与国家法律之间的关系是每一个政府和执政党都应当首先解决的问题。德国政党的做法对我们而言有着极大的参考和借鉴的价值。未来我国应当从中吸取精华，不仅要对党规党纪进行制度化的改造，还要对党规党纪和国家法律之间的界限作出更清晰和明确的界定。

2. 死刑政策宪法化

死刑政策是一国刑事政策之中非常重要的组成部分。特别是在当今各国愈加注重人权保护的趋势之下，一国对死刑的态度直接反映该国对

---

① 参见崔英楠：《德国政党依法执政的理论与实践》，中国社会科学出版社 2009 年版，第 158 页。

② 参见陈家喜、黄卫平：《西方一些发达国家党纪监督的做法及其启示》，载《当代世界与社会主义》2014 年第 1 期，第 175～180 页。

犯罪和刑罚的态度。因此，很多国家都选择将有关死刑的刑事政策直接纳入宪法之中，作为国家的基本纲领向世界宣告该国对人权和刑罚的态度。

（1）国际社会的主流死刑政策

从国际社会看，限制和废除死刑已成为国际社会的主要潮流和趋势。当今世界绝大多数国家都已经旗帜鲜明地表示要废除死刑或者即将废除死刑。那些尚未作出废除死刑表示的国家当中，有相当一部分国家也已经通过司法实践对死刑适用控制而达到事实上废除死刑。据不完全统计，截至2014年12月31日，世界范围内已经有98个国家和地区完全废除了死刑，7个国家和地区已经废除了普通犯罪的死刑，35个国家和地区达到了事实废除死刑，换言之，已经有140个国家实现了法律上或事实上废除死刑。① 据2015年12月9日联合国网站消息，蒙古国废止死刑，成为第105个在法律上废除死刑的国家和地区；另外，世界上还有60个国家实行了死刑暂缓机制或过去10年没有执行过死刑犯。由此可见，目前全球已有105个国家和地区实行完全废除死刑的政策。另外，从联合国近年来的有关报告和决议看，在那些仍然保留死刑并执行的国家当中，死刑的执行次数也在逐年降低，几乎每年都执行死刑的国家并不多。②

联合国自成立以来，一直致力于限制、减少并废除死刑。联合国的死刑政策主要体现在一系列有关死刑的国际法规范文件中。《公民权利和政治权利国际公约》是世界范围内对于推动死刑废除最有影响力的国际公约，该公约于1966年12月16日在联合国大会上通过，该公约中明确规定："人人有固有的生命权。这个权利应受法律保护。不得任意剥夺任何人的生命。"该公约虽没有直接表示要完全禁止在任何情况下适用死刑，但对于死刑的适用加设了很多限制条件。例如，该公约第6条

---

① 参见https：//www. amnesty. org/en/what-we-do/death-penalty/，最后访问日期：2016年5月3日。

② 参见孙世彦：《从联合国报告和决议看废除死刑的国际现状和趋势》，载《环球法律评论》2015年第5期，第116~135页。

第 2 款规定，“判处死刑只能作为对最严重的罪行的惩罚”；第 6 条第 4 款规定，“任何被判处死刑的人应有权要求赦免或减刑；对一切判处死刑的案件均得给予大赦、特赦或减刑”；第 6 条第 5 款规定，“对 18 岁以下的人所犯的罪，不得判处死刑，对孕妇不得执行死刑”。虽然上述规定并未禁止死刑，但第 6 条第 6 款规定，“本公约的任何缔约国不得援引本条的任何部分来推迟或阻止死刑的废除”。通过这些规定我们能够明确地看出公约想要传达的信息，即反对任何形式的死刑的适用，鼓励和呼吁立刻、没有保留地废除死刑。①

联合国又于 1971 年、1979 年先后通过两个决议，号召废除死刑罪名。1971 年 12 月 20 日联合国大会第 16 届会议通过《死刑问题》决议［A/RES/2857（XXVI）］，第一次明确地提出要在全世界范围内达成废除死刑的目标，即“重申为了充分保证世界人权宣言第 3 条规定的生命权利，今后所应追求的主要目标便是逐渐减少可处死刑的罪行种类，以期所有国家都能废止死刑”。1977 年联合国第 32 届大会通过的 32/61 号决议，再次重申“死刑问题方面所追求的主要目标是逐渐限制可处死刑罪行的数目，以期达到废止死刑”。②

联合国于 1989 年 12 月 15 日召开的第 43 届大会通过了《公民权利和政治权利国际公约第二任择议定书》。该议定书第 1 条规定：“1. 本议定书缔约国管辖范围内，任何人不得被处死刑。2. 每一缔约国应采取一切必要措施在其管辖范围内废除死刑。”③ 但是这本议定书也没有完全地废除死刑。其中第 2 条的规定为死刑的适用保留了一个例外，在战争时期仍可在一定条件下适用死刑，即“在战时可对在战时犯下最严重军事性罪行被判罪的人适用死刑”，但此项保留只能在批准或者加入议定书

---

① 参见［加］威廉姆·夏巴斯：《国际法上的废除死刑》，赵海峰等译，法律出版社 2008 年版，第 397～398 页。

② See Roger Hood, *The Death Penalty: A Worldwide Perspective*, Oxford University Press, Vol. 11, 2002, p. 230.

③ ［加］威廉姆·夏巴斯：《国际法上的废除死刑》，赵海峰等译，法律出版社 2008 年版，第 411 页。

时提出。

此外，联合国经济与社会理事会于 1984 年通过了《关于保护死刑犯权利的保障措施》（联合国 1984/50 号决议），于 1989 年通过了《保护死刑犯权利的保障措施的执行情况》（联合国 1989/64 号决议），并在 1995 年第 1995/57 号决议中建议，秘书长的每个五年关于死刑问题的分析报告中还应继续讨论保护死刑权利的保障措施的执行情况。这些文件都旨在鼓励废除死刑，并规定了限制死刑适用的实体性和程序性要求。

2007 年 12 月 18 日，联合国大会第 62 届会议通过了《〈暂停使用死刑〉的决议》（A/RES/62/149）。该决议号召所有仍保留死刑的国家，尊重经济与社会理事会《关于保护死刑犯的权利的保障措施》就保护死囚权利的保障措施所规定的国际标准；向秘书长提供有关实施死刑和遵守保护死刑犯权利的保障措施的材料；逐步限制死刑的实施，减少死刑罪名目；并暂停执行处决，以便废除死刑。决议还呼吁废除死刑的国家不要再恢复死刑。①

通过分析上述有关死刑问题的国际法规范文件，基本可以看出联合国所倡导的死刑政策。具体而言，联合国所采的根本死刑政策是鼓励废除死刑，但并不强制立即废除死刑。也可以说，联合国实行的长远死刑政策是废除死刑，但当前的死刑政策是可以暂时保留死刑。虽然联合国明确反对适用死刑，并认为从根本上废除死刑是最终目标，但考虑到不同国家的实际情况，并未强制要求所有国家立即废止死刑。联合国所采的基本死刑政策是严格限制死刑适用，并主要从实体法和程序法上进行限制。在实体法方面，联合国所采的具体死刑政策主要是严格限制死刑罪名和严格限制死刑适用对象。在程序法方面，联合国所采的具体死刑政策主要包括：死刑不得溯及既往、确保死刑适用的程序正当和明确证据标准、死刑犯应当享有赦免权和减刑权、死刑犯享有上诉权和法律帮助权、死刑执行人道化等。

---

① See Roger Hood, *The Death Penalty: A Worldwide Perspective*, Oxford University Press, Vol. 11, 2002, p. 230.

对于何为“最严重的罪行”，联合国经济与社会理事会于1984年通过的《关于保护死刑犯权利的保障措施》第1条规定：“在没有废除死刑的国家，只有最严重的罪行可判处死刑，应理解为死刑的范围只限于对蓄意而结果为害命或其他极端严重后果的罪行。”[①] 2008年联合国大会第63届会议文件《暂停使用死刑·秘书长报告》进一步明确了“最严重的罪行”，指出“尚未废除死刑的国家只可对最严重的罪行判处死刑，对此的理解是，死刑的范围不应超出带有致命后果或极端严重后果的蓄意犯罪行为”。[②]

关于严格限制死刑适用对象的具体死刑政策，主要体现在对未成年人、孕妇或新生婴儿的母亲、智障者与精神病患者适用死刑的限制。具体而言，对未成年人不适用死刑，并提倡确定死刑适用的上限年龄；对孕妇或新生婴儿的母亲不执行死刑；对智障者与精神病患者不适用或不执行死刑。

除了联合国，一些旨在保障人权的区域性组织也在推动死刑废止方面发挥着重要作用。欧洲理事会、欧盟等欧洲区际组织在欧洲的死刑限制与废止运动中起着关键作用，并积极影响世界范围的死刑限制与废止运动。欧洲理事会、欧盟主要通过一系列政治决议，要求欧洲国家全部废止死刑，并希望通过外交途径推进第三国家尽快废止死刑。欧洲理事会于1983年通过的《欧洲人权公约第六议定书》中要求当事国在和平时期废除死刑，并在第1条中规定，“应当废除死刑；任何人不得被判处或者执行这样的刑罚”。[③] 欧洲理事会又于1994年通过决议，号召非《欧洲人权公约第六议定书》的成员国批准该协议书，并谴责欧洲理事会成员国中仍保留死刑的国家。欧洲理事会还宣称，在欧洲废止死刑远

---

① ［加］威廉姆·夏巴斯：《国际法上的废除死刑》，赵海峰等译，法律出版社2008年版，第423页。

② 参见毛立新：《联合国关于死刑的政策和立场——联合国人权高专办考察报告》，载《河北法学》2014年第4期，第109～117页。

③ 参见［加］威廉姆·夏巴斯：《国际法上的废除死刑》，赵海峰等译，法律出版社2008年版，第431页。

非一个理论问题，死刑“可与酷刑相比，是《欧洲人权公约第六议定书》第3条所指的非人道和有辱人格的刑罚”。2002年欧洲理事会又通过了《欧洲人权公约第十三议定书》，要求签署该议定书的国家有义务毫无例外地取消死刑，包括战争时期。

欧盟也一直致力于号召其成员国废除死刑。1989年欧洲议会通过了《基本权利和自由宣言》，宣布废除死刑。1992年欧洲议会通过决议，号召在世界范围内废止死刑，并督促成员国“全力发挥其可能的所有政治和外交力量，彻底废止其国内的死刑”。欧盟于2000年12月通过《欧盟基本权利宪章》宣布“任何人不得被判处死刑或者适用死刑”，并在该宪章的第19条第2款规定，“任何人均不得被遣送、驱逐或者引渡至可能使其遭受死刑、酷刑或者其他非人道或有辱人格的待遇或者处罚的严重危险的国家”。[①] 2001年欧洲议会还通过了一个决议，要求欧盟各国把废除死刑至少是停止执行死刑作为其与第三国打交道的外交政策的一部分。[②]

可以看出，上述欧洲组织主要围绕“人权”话语，采取了极为坚定的废除死刑政策。欧洲组织的这种死刑政策，不仅促使期望加入欧盟的国家加快死刑废除的步伐，也加快了第三国迈向死刑废止之路。具体来说，欧洲组织倡导的废止死刑政策具有以下特点：一是死刑从根本上说是人权问题，不是单纯的刑事司法政策问题；二是死刑政策不仅仅是一国的内政，而是应当遵从最低国际人权标准的国际事务；三是由于所有死刑案件都不符合国际人权标准，从人的角度出发，欧洲组织和欧洲政府完全有理由呼吁保留死刑的各国政府废除死刑。[③]

---

① 参见［加］威廉姆·夏巴斯：《国际法上的废除死刑》，赵海峰等译，法律出版社2008年版，第435~436页。

② 转引自刘仁文：《死刑的全球视野与中国语境》，中国社会科学出版社2013年版，第23页。

③ 参见喻贵英：《欧洲死刑废除的启示》，载《法学评论》2006年第3期，第142~152页。

（2）宪法是废除死刑的主要途径

早在19世纪初期，欧洲启蒙运动所带来的废除死刑运动就已经在西欧、南美等地区的国家开展起来。这些国家起初废除死刑的方式各不相同。美国主要通过将死刑从刑法和军事法中移除达到废除死刑的目的。英国、法国和德国则是在司法实践中逐步地减少死刑的适用，在19世纪中期将死刑的适用限缩于谋杀、叛国和军事案件等极其严重的犯罪。德国在1949年成为了首个全面废除死刑的欧洲国家。其他一些国家虽然还保留死刑，但是已经有相当长的时间没有使用过该刑罚。例如，比利时从1950年起就再也没有执行过死刑，并最终于1996年废除了死刑。虽然这些国家由于各自的社会环境和文化传统的不同，选择的方式和路径也不尽相同，但殊途同归，走上了废除死刑的道路。

进入20世纪后，废除死刑逐渐变为全球范围内的潮流。特别是20世纪末期，全球废除死刑的进程明显提速，到了2009年全世界已经有超过2/3的国家和地区实现了在法律上或事实上废除死刑。通过宪法废除死刑成为现今世界各国废除死刑主要的途径和方式。[①] 宪法是一国之根本法，而死刑又是一国能够达到的对公民人权最大损害的方式；因此在宪法中明确国家废除死刑的态度，可以直接地向公民传达出国家尊重和保障人权的信息。同时宪法又是一个国家位阶最高的法律，任何法律都不能与宪法相抵触。所以在宪法中明示废除死刑，可以显示国家废除死刑的决心和魄力。

3. 赦免制度宪法化

赦免制度是人类文明使用历史非常悠久的一项制度。通过赦免制度，国家可以除去犯罪人的罪名，或者免除犯罪人将要受到的刑罚。所以，赦免制度从创立开始就具有很强的刑事政策意义（当然在古代并没有刑事政策的概念）。纵观人类历史，赦免制度存在于古今中外的任何一种法律体系之中。在封建社会时期，赦免制度主要被用来彰显帝王的

① 参见［英］罗吉尔·胡德、［加］威廉·夏巴斯等：《死刑改革的域外经验（中英对照本）》，中国法制出版社2011年版，第1页。

仁慈和宽大；以今人的眼光来看，这样的赦免就纯粹是出于刑事政策的考虑，很大程度上只具有象征性意义。随着人类文明的进步，赦免制度逐渐有了更多的实质意义和作用。特别是人权的概念在全世界范围普及开来，赦免制度因其特殊的功效非常契合人权保障的需求，这为赦免制度的发展带来了新的契机。赦免制度的设立，不仅仅是犯罪治理的需要，同时也是人权保障的重要组成部分，这与我国宪法“国家尊重和保障人权”的要求不谋而合，更迎合了我国创建社会主义和谐社会和中国特色社会主义法治的要求。从刑事政策制度化的立场出发，赦免制度无疑应属刑事政策体系的一个有机组成部分。然而赦免制度又不仅仅是一项刑事司法制度，它的运用牵涉我国宪法体制和法治建设等诸多方面。因而，如何对赦免制度进行合理和科学的制度化构建就应当是刑事政策学者的研究命题，也是刑事政策制度化的重要组成部分。本节通过对国外先进赦免制度的考察，尝试从中提取可供我国选择的制度化路径。

虽然在我国现行的法律体系当中，有多部法律都或多或少涉及了赦免制度，如《宪法》、《刑法》和《刑事诉讼法》等；但是我国赦免制度始终没有一个完善的制度体系，既没有可供操作的实施依据，也没有相关的实施程序。有学者就直言赦免制度被完全边缘化了。[①] 这样令人尴尬的现实情况，根本原因在于没有将赦免政策进行制度化，没有形成体系性的、具有可操作性的赦免制度，从而使赦免政策的目标和价值追求落空。相比而言，国外许多国家都已经建设了较为完善和成熟的赦免制度，对于我国赦免政策的制度化具有极高的参考价值。

大陆法系与英美法系国家的赦免制度各有特色，但一个基本的共同点就是选择通过宪法或宪法性的法律对赦免制度予以规定。

（1）德国的赦免制度

德国似乎所有的制度都更先进一些，赦免制度亦是如此。德国的赦免制度以联邦政府和州政府为主体，是一种二元制的赦免模式，联邦政

① 参见陈兴良：《书外说书》，法律出版社2004年版，第230页。

府和州政府都有权进行赦免。[①] 因为德国是联邦制国家，赦免制度又属于宪法性规定，联邦政府对州政府的管辖力度较弱：不仅不能干涉各州的具体案件，也不能对赦免制度进行立法。当需要进行赦免时，一般有两种方式可以进行：一种是由议会以法律的形式进行，另一种是总统享有的特别赦免权。

议会进行的赦免属一般赦免，这其中就包括大赦，通常是以立法的形式免除或减轻犯罪人的刑罚。有时也会通过司法程序进行，比如直接驳回正在进行中的刑事案件或禁止提起公诉等。这样的赦免一般都会选在有纪念意义的日期进行，如国庆或其他国家重大纪念日，所以也被称为纪念赦免。德国在 1896 年为了纪念德意志帝国建立 25 周年，以及民主德国于 1964 年为纪念建国 15 周年进行的赦免，均属此类。有时国家为了纪念和平或者为了推动和平的到来而进行的一般赦免，被称作和平赦免。联邦德国为了纪念“二战”而于 1949 年、1954 年赦免了一批具有特别情况或因贫困而犯罪的罪犯，就是典型的和平赦免。[②]

特别赦免与一般赦免最大的不同在于，其只针对个别的案件，且不需要依靠法律执行。总统享有的特别赦免权，实际上就是一种超法规的干涉权，当总统决定特别赦免时，直接作用于个案的生效判决，使犯罪人免除刑事处罚。

德国赦免制度中，联邦特别赦免权和各州的特赦权是并行的，互不类属。联邦不能审查、变更各州的赦免决定。实践中，通常有人向联邦总统、司法部部长提出审查、变更各州所作出的赦免决定之申请，然而这只能是误解，联邦总统、司法部部长根本不具有此一权限。对于联邦司法和行政领域的刑事案件、惩戒案件、军法会议案件、秩序制止案件等，联邦总统有特别赦免之决定权，但具体准备工作则由赦免之专门机关负责。德国各州的特别赦免权并非源于联邦特别赦免权，而基本是由各州宪法加以规定。不过，各州赦免权之归属则有所不同。在柏林等

---

① 参见阴建峰：《现代赦免制度论衡》，中国人民公安大学出版社 2006 年版，第 72 页。
② 参见阴建峰：《现代赦免制度论衡》，中国人民公安大学出版社 2006 年版，第 73 页。

州，州上院执行赦免权；但在巴登—符腾堡等州以及原本属于民主德国的州，赦免权则由州长行使。此外，各州有关赦免决定尽管在内容上无甚差别，但外在表现形式则多有不同。柏林、不来梅、汉堡等市均以命令的形式发布特别赦免，而其他州通常以告示形式发布。特别赦免的发起通常是由于有请求权人提出了赦免请求。赦免请求权人不限于被判有罪的犯罪人，还可以是其他与犯罪人有密切关系的人，甚至可以是辩护人。许多州都设置有专门负责赦免事务的机关。例如，柏林州宪法即规定，由赦免委员会决定赦免，而赦免委员会的人选主要由上院选举产生；而在萨尔州，则由州长授权组成赦免委员会，州长根据该委员会的意见决定是否赦免。

（2）法国的赦免制度

法国是世界上制定成文宪法最早的国家之一，又是颁布宪法最多的国家。每一部宪法都是法国社会历史发展的重要里程碑。[①] 在这些宪法当中，有相当一部分的宪法都对赦免制度作出规定，其中现行的《法兰西第五共和国宪法》规定得最为详尽。该宪法第 17 条规定赦免权属于总统行使的权力。对比德国的规定我们可以发现，这里的赦免权同样指的是特别赦免权。而且与德国类似的是，法国国会同样可以通过立法的方式进行大赦，如该宪法第 34 条规定，赦免事项的准则由法律规定，并由议会投票通过。除了宪法中的相关规定，法国的刑法和刑事诉讼法都对赦免制度进行更详细的规定，形成了宪法和法律的赦免制度。

（3）日本的恩赦制度

赦免在日本被称为恩赦制度。[②] 该项制度赋予行政权可以干涉司法裁判的例外权力。行政权力可以通过恩赦制度对已经被作出有罪裁判的犯罪人进行减刑或免除刑罚。过去，恩赦曾是日本天皇独享的权力，体现出当时日本君主立宪制的特点。“二战”后日本战败，在美国的占领之下日本无论国家体制还是社会结构都发生了重大改变，天皇不再参与

---

① 参见阴建峰：《现代赦免制度论衡》，中国人民公安大学出版社 2006 年版，第 74 页。

② 参见阴建峰：《现代赦免制度论衡》，中国人民公安大学出版社 2006 年版，第 75 页。

政治，恩赦权也通过宪法被赋予内阁行使，天皇本人只有认证恩赦的权力。现行日本宪法下，恩赦的特征强调的是刑事政策之意义。

从上述对三国赦免制度之考察，我们可以得出一个明确的结论：在宪法之中对赦免制度进行规定是世界各国较为主流和可行的方法与路径。无论从刑事政策的角度考虑，还是赦免制度本身有效行使的角度考虑，宪法都应当是赦免制度的根基。只有在宪法的支撑之下，赦免制度才能够科学与合理地构建。

（二）刑事政策实施的制度化路径

刑事政策作为治理犯罪的对策，无论其制定得多么科学，如果不能够得到良好的实施，效果一定会大打折扣，甚至起到反作用。同时，如果刑事政策仅仅停留在一种原则性的治理理念的状态的话，在具体的执行过程中，由于人与人之间的差异，人们就会对刑事政策产生不同的理解，这同样会极大地影响刑事政策的实际效果。因此，刑事政策如果想要充分和切实地发挥作用，就必须进行制度化的改造：不仅在制定的环节需要制度化的构建，在实施的环节更加需要制度化的设计帮助或强制实施者切实地贯彻刑事政策的各项内容，让刑事政策发挥作用。

对刑事政策进行制度化的构建，需要搭建一个由不同刑事政策组成的制度体系，通过不同的分支制度将刑事政策的内容转化为具体的、可操作的规范。例如，在刑罚轻缓化的思潮之下，各国都对刑事政策进行了调整，以顺应时代的潮流。但是如果刑事政策仅仅停留在一种思想理念层面的话，那无异于纸上谈兵。如何真正地实现刑罚轻缓化的刑事政策目标，需要对相关刑事政策进行制度化的构建。

1. “认罪认罚从宽”政策规范化

英美法系国家普遍存在一种被告人认罪之后公诉方降低刑罚请求的所谓“控辩交易”制度。在这种制度的作用下，如果被告人承认了某种罪行，与控方达成协议，控方就会改变诉求，将原本的起诉罪名替换为更轻的罪名，或者直接撤销起诉和指控。被告人可基于多种理由进行控诉交易，如量刑上的优惠、量刑结果的合理预期和辩护律师的建议等。英国的量刑指南直接规定在被告人认罪的案件中可对处罚进行最多 1/3

幅度的减免。此外，除了英美法系国家之外，大陆法系国家中也普遍存在类似的被告人认罪之后减低处罚程度的制度；各国均期待利用这样的一种制度可以激励犯罪人主动认罪，节约司法资源，加速司法程序的进程。

（1）德国处罚令程序中的协商机制

处罚令程序是一种兼具简易性与协商性特征的刑事程序，其代表国家是德国。德国于19世纪晚期建立处罚令程序，如今欧洲的许多国家，如法国、意大利、荷兰、克罗地亚、挪威等，都开始使用这种程序。由于通常只用于轻罪案件或一般性的违法，所以这种程序还是非常普及。① 一般来说，处罚令程序启动的协商性质比较明显，一般需要由检察机关提出并需得到被告人同意。关于处罚令的实体处理结果是否允许协商，由于处罚令的生效需以被告人不提出异议和不申请转为审判程序为前提，因此实际上也是存在合意的；德国则明确可以进行控辩协商。实体协商的首要意义在于促进被告人认罪和提高诉讼效率。被告人认罪是适用刑事处罚令的前提。如果不能从认罪中获得减免刑期等利益，被告人通常不会作出认罪的选择；因此，是否认罪往往包含控辩双方就量刑结果进行博弈的因素。对被告人而言量刑上无减免则认罪无益，对于检察院而言量刑上不予减免则无法促使被告人认罪，因此控辩双方为达成认罪结果而就量刑进行协商具有必要性。

德国的处罚令制度本质上仍然是职权主义的一种体现，强调法官处于中立的地位对认罪进行认定，而不是单单由被告人自主决定。② 德国刑事诉讼法规定检察官对具有充分嫌疑的轻罪案件可以向法官申请适用处罚令程序。在具体的司法实践中，这样的做法已经成为常态。③ 一般

---

① 参见［美］史蒂芬·C. 赛门：《欧洲刑事司法改革趋势》，初殿清译，载陈光中、陈泽宪、［美］柯恩主编：《比较与借鉴：从各国经验看中国刑事诉讼法改革路径——比较刑事诉讼国际研讨会论文集》，中国政法大学出版社2007年版，第54页。

② 参见［美］弗洛伊德·菲尼、［德］约阿西姆·赫尔曼、岳礼玲：《一个案例 两种制度：美德刑事司法比较》，郭志媛译，中国法制出版社2006年版，第329页。

③ 参见［德］托马斯·魏根特：《德国刑事诉讼程序》，岳礼玲、温小洁译，中国政法大学出版社2004年版，第211页。

来说，如果被告人表达出了认罪的意愿，而且公诉方愿意接受的话，检察官与辩护人就会针对被告人的具体量刑进行协商。① 有时，被告人还可以得到除减刑之外的优待，如提前解除羁押、不公开案件细节以保护隐私等。② 一旦检察官与被告人和辩护人之间达成了合意，检察官就会通过书面申请连同案件的全部资料移交给办案法官，而法官在这时通常不会对案件内容进行实质性的审查，而习惯性地签署处罚命令。③

（2）意大利认罪协商程序

意大利是另一个具有深远大陆法传统的国家。意大利与法国接壤，意大利语与法语也极为相似。因此，意大利在很多方面都能看出受法国影响的痕迹，意大利的法律制度同样受到法国很大影响。④ 然而随着欧洲与美国的深入交流，意大利开始借鉴英美法系中的当事人主义进行诉讼改革；并且为了防止出现诉讼拖沓的情况，还专门设立了五种特别程序，其中之一就是依当事人请求适用刑罚这一程序。该程序由于具有明显地效仿英美法律体系中的控辩交易制度痕迹而被很多学者称为意大利式辩诉交易程序。⑤

意大利刑事诉讼法起初将认罪协商程序适用范围限定于“单处或与财产刑并处不超过两年监禁刑”的案件，因为两年是意大利刑法中规定的允许适用缓刑的最高额度，但后来又将上限提升至“单处或与财产刑并处不超过五年监禁刑”的案件。而且“原有”的认罪协商程序并不因新制度的实施而失效，反而形成了“新旧”两种认罪协商制度并行不悖

① 参见［德］约阿希姆·赫尔曼：《协商性司法：德国刑事程序中的辩诉交易?》，程雷译，载《中国刑事法杂志》2004年第2期，第116～120页。

② 参见冯喜恒：《刑事处罚令程序中的量刑协商——德国的实践及其对我国设立认罪认罚从宽制度的启示》，载《浙江理工大学学报（社会科学版）》2016年第2期，第157～160页。

③ 参见［德］约阿希姆·赫尔曼：《协商性司法——德国刑事程序中的辩诉交易?》，程雷译，载《中国刑事法杂志》2004年第2期，第116～120页。

④ 参见邓立军、张斌：《意大利刑事侦查制度的改革与嬗变——兼论对我国的启示与借鉴》，载《河北法学》2004年第9期，第105～108页。

⑤ 参见孙志伟：《意大利认罪协商程序及其对刑事案件速裁程序的启示》，载《河北法学》2016年第4期，第142～148页。

的“双轨制构造”。[①] 二者在适用程序上没有任何差别，只是在适用前提和优惠待遇方面有明显差异。

“旧”认罪协商制度仍然只适用于在减刑 1/3 后刑期不超过两年的案件，以及单处财产刑的案件。需要注意的是，这里的两年刑期不是宣判刑，而是经过减免 1/3 刑期之后的刑期。具体而言，只要宣判刑减去刑期的 1/3 后不足两年，都可以适用“旧”认罪协商制度。而对于单处罚金的被告人，无论罚金数额多少，都可以适用上述协商制度。同时，“旧”认罪协商制度没有限制犯罪人所犯罪名的类型和轻重，即无论何种犯罪的犯罪人，只要符合上述的适用条件都可以申请适用该认罪协商程序。不仅如此，“原有”的认罪协商程序存在五大利好以激励被追诉者申请适用该程序。

“新”认罪协商制度适用于宣告刑为减免 1/3 刑期后在两年零一日至五年监禁区间内的案件。同“旧”认罪协商制度一样，这里的“五年”是减少了 1/3 刑期之后得出的。“新”认罪协商制度较“旧”认罪协商制度而言有了诸多限制。最为突出的就是对适用的犯罪类型和罪犯两方面进行了限制：首先，某些法定的特别类型的犯罪不能适用“新”认罪协商；其次，“新”认罪协商程序还排除了一部分特别的犯罪人，主要包括惯犯、职业犯、倾向犯、累犯等。

从两个国家的制度化经验我们可以发现，认罪从宽的政策必须配备完善的制度体系才能够得到确切的落实。如果没有具体可行的认罪从宽制度，那么任何理念都无法得到实现。上述二国不仅在立法层面进行制度化建设，在实践中也形成了可行的、高效的制度体系，体现了内在制度与外在制度、非正式制度与正式制度相结合的制度化思路，非常具有参考和借鉴的价值。

2. 行刑社会化政策规范化

行刑社会化作为一种刑事政策的思潮，肇始于 18 世纪末期。当时

---

① 参见孙志伟：《意大利认罪协商程序及其对刑事案件速裁程序的启示》，载《河北法学》2016 年第 4 期，第 142～148 页。

还只是在欧美的少数国家中进行，主要集中于对监狱模式的改革。后来这种思潮逐渐蔓延到其他欧美国家，并逐步席卷全球。联合国的预防犯罪和罪犯待遇大会一共召开过七次会议，而其中六次的会议议题都涉及行刑社会化的内容。从国外已经完成和正在进行的行刑社会化制度改革来看，改革的内容和方式主要集中在行刑场所、行刑主体和行刑内容这三方面的社会化。

首先，对监狱的改造。通过设置开放式的监狱，给予囚犯更多的自由活动空间，降低被关押人与社会隔离的程度。与过去传统的四周围满了隔离电网、站立着武装守卫的监狱相比，开放式监狱可以为被关押人创造更为轻松的环境，有助于调节他们的心理状态，避免过于压抑导致囚犯产生心理问题。这种开放式的监狱最早是由瑞士率先采用的；在取得良好实际效果之后，欧美等地纷纷效仿，并通过立法确立了开放式监狱的地位。瑞典《刑事审判法》规定所有的矫正所都必须明确是属于开放式的还是封闭式的。如果犯罪人没有逃跑倾向，且人身危险程度较低，就应当被投入开放式监狱服刑。英国在很久之前就在大规模地使用开放式监狱关押罪犯。一般来说，在采用开放式监狱模式的国家中，只要犯罪人满足人身危险度低或刑期较短且为回归社会做好了准备这两种条件之一，就可以被置于开放式监狱中进行改造。

其次，实行更加宽松的离监制度。在进行了行刑社会化改革的国家当中，有相当多的国家允许正在服刑的罪犯通过提起申请的方式暂时离开监狱，回归家庭与社会。这样的充满人文主义关怀的制度可以帮助犯罪人维系其与家庭和社会之间的情感纽带，并在这个过程中发挥家人与亲友对犯罪人的教育和感化作用，帮助其为回归社会提前做好准备。瑞典《监狱矫正法》规定，如果正在服刑的犯人申请离开监狱，只要不是过于频繁，都可以准许其回归家庭和社会，以重新适应社会生活，降低其在服刑结束之后回归社会的难度。

再次，还可以实行监外工作制。这种以“工作”的形式让正在服刑的犯罪人离开监狱，重新进入社会环境之中的制度同样有助于犯罪人回归社会；同时通过为犯罪人的劳动支付一定报酬的方式对犯罪人进行教育和改造，促使他们形成和获得自食其力的观念和能力。很多西方国家都已经采用这样的制度。在法国，这样的制度被称为“狱外就业”或“狱外走廊”，都是通过私人企业的聘用来让犯罪人参加劳动。[①] 美国则称呼这类制度为“自由工资雇佣制”，犯人们白天在监狱外劳动和工作，晚上则自动地回到监狱内去服刑，也取得了不错的效果。[②]

最后，允许通过社区服务替代刑罚。此种制度在美国、英国等国家中非常常见：如果犯罪人的罪行较轻，法院也只倾向于判处短期自由刑的话，那么犯罪人就可以选择通过进行社区服务的方式来免除自由刑的执行。英国在很早之前就制定了社区服务令制度：如果犯罪人是 17 岁以上且可能被判处监禁刑，那么在未来一年内，可以自选日期进行 40 小时 ~240 小时以内的无偿社区服务，以换取免于服刑。[③] 在美国的部分州内，如果犯罪人犯了轻罪或违警罪，也可以适用社区服务制度来替代刑罚。[④] 法国在几十年前就引入了此类制度，即使后来重新修订刑法也将其保留了下来，现在这样的社区服务制度已经成为监禁刑的替代刑。[⑤]

3. 刑事和解政策规范化

刑事和解是恢复性司法的产物。恢复性司法建立在这样的观念之上：犯罪活动侵害的是人们及其相互间的关系，因而必须致力于犯罪活动所造成伤害的发泄和表达。而且，经受伤害的不仅仅是受害者，也包括犯罪者以及他们所处的特定社区。[⑥] 因而，受害者、犯罪者以及社区之间的合作提供了消除犯罪影响的最佳途径，具体包括修复受害者的伤害、展示犯罪后果和使犯罪者重新融入社区。恢复性司法的项目可以采

---

① 参见赖早兴：《国外行刑社会化及我国行刑社会化之完善》，载《福建公安高等专科学校学报——社会公共安全研究》2002 年第 1 期，第 29 ~ 32 页。

② 参见赖早兴：《国外行刑社会化及我国行刑社会化之完善》，载《福建公安高等专科学校学报——社会公共安全研究》2002 年第 1 期，第 29 ~ 32 页。

③ 参见樊凤林主编：《刑罚通论》，中国政法大学出版社 1994 年版，第 661 页。

④ 参见储槐植：《美国刑法》（第 3 版），北京大学出版社 2005 年版，第 311 页。

⑤ 参见［法］卡斯东·斯特法尼等：《法国刑法总论精义》，罗结珍译，中国政法大学出版社 1998 年版，第 468 页。

⑥ See Nancy Rodriguez, *Restorative Justice at Work*: *Examining the Impact of Restorative Justice Resolutions on Juvenile Recidivism*, Crime & Delinquency, Vol. 53, 2007, p. 356.

取不同的形式，包括受害人和加害人之间的调解、社区赔偿会议、家庭群体会议和圆桌谈判等。[①] 根据布莱斯怀特的观点，恢复性司法不仅致力于减少犯罪，而且同样在“保障正义，密切关系，重获尊严，战胜羞怯，治疗受害人”方面效果良好。[②] 而且，很多最近的研究还发现，恢复性司法在减少犯罪人累犯倾向方面成效显著。一项关于35项恢复性司法项目的综合分析表明，这些项目较传统的矫正监管项目在减少犯罪人累犯倾向方面效果良好。虽然刑事和解是一种诉讼外的纠纷解决机制，但是司法确认却是和解结果生效的必要条件，因此刑事和解与刑事立法不存在对立关系，反而是有机地结合在了一起。[③] 不起诉裁量权无疑就是刑事和解与各国刑事司法结合起来的最佳纽带，和解不起诉制度则无疑就是刑事和解制度与各国的不起诉制度相结合的重要成果之一。和解不起诉是指检察机关因当事人达成和解协议而不提起公诉的司法制度。一些国家明确规定了和解不起诉制度。比如，《俄罗斯联邦刑事诉讼法典》第25条规定：“对涉嫌实施或被指控实施轻罪或中等严重犯罪的人，在《俄罗斯联邦刑法典》第76条规定的情况下，如果该人与被害人和解并弥补给被害人造成的损害，法官、检察长以及侦查人员和调查人员经检察长同意，有权根据被害人或其法定代理人的申请终止对之提起的刑事案件。”《俄罗斯联邦刑法典》第76条规定：“初次实施轻罪的人，如果他与受害人和解并弥补给受害人造成的损害，则可以被免除刑事责任。”根据这些规定，因双方和解而终止刑事案件应满足以下条件：第一，其实施的行为属于犯罪。除自诉案件外，也包括法律规定的最重刑罚不超过2年剥夺自由，并且与造成他人精神损害、身体损害或财产损害有关的所有故意犯罪和过失犯罪。第二，犯罪人初次实施犯

① See Nancy Rodriguez, *Restorative Justice at Work: Examining the Impact of Restorative Justice Resolutions on Juvenile Recidivism*, Crime & Delinquency, Vol. 53, 2007, p. 357.

② 参见田兴洪：《宽严相济语境下的轻罪刑事政策研究》，法律出版社2010年版，第239页。

③ 参见向朝阳、马静华：《刑事和解的价值构造及中国模式的构建》，载《中国法学》2003年第6期，第12页。

罪。第三，实施犯罪的人与受害人和解，它意味着受害人按照应有的诉讼形式放弃自己的最初请求和对犯罪人的要求，不再要求追究犯罪人的刑事责任（尚未提起诉讼的刑事案件），或者请求终止根据他的告诉提起诉讼的刑事案件。第四，犯罪人在和解之前弥补了对受害人造成的损害（这也是和解的条件）。在俄罗斯，因犯罪人与受害人和解而终止刑事案件（或不再提起诉讼的刑事案件）的决定由调查机关或侦查员经检察长同意后作出，或者在调查或预审的任何阶段由检察长作出，以及在法庭审理直至审判员退入评议室作出判决之前的任何时间由审判员作出。在法国，1993 年《刑事诉讼法典》也引入了“刑事和解”程序。2004 年 3 月行政法令还更确切地将刑事和解认定为“在第三者的引导下，使加害人与受害人双方同意进行面谈，就加害的补偿达成合意，重新修复双方当事人的关系，并尽可能确保加害人不再重犯该类犯罪行为”。[①] 德国、英国、新西兰等国家也建立了各具特色的刑事和解制度。[②]

本节之所以主要选取德国、意大利和法国等国家作为域外经验考察的样本，是因为这些国家都是典型的大陆法系国家，具有深远的大陆法系传统，与我国法律体系较为接近，其经验也更容易为我国所学习和借鉴。特别是意大利作为一个传统的大陆法系国家，同时还借鉴了英美法系的控辩交易制度，形成了具有本国特色的认罪协商制度，值得我国认真学习和借鉴。

从上面几个国家的实践经验中我们应当发现，认罪协商、行刑社会化以及刑事和解等的确都是有助于改善犯罪人处遇和刑罚执行效果的刑事政策理念。无论是开放性的监狱，还是社区服务制度，都能够有效地帮助犯罪人重新与社会和家庭建立联系，为其日后重回社会做好准备。这样的量刑或行刑模式同时也符合当今注重人权保障的国际潮流。认罪

---

① 参见罗结珍：《法国刑事诉讼法中的刑事调解与刑事和解》，载《法学杂志》2008 年第 3 期，第 80～82 页。

② 参见向朝阳、马静华：《刑事和解的价值构造及中国模式的构建》，载《中国法学》2003 年第 6 期，第 12 页。

协商和行刑社会化的改革起源于刑事政策方面的创新；当这些新型的刑事政策理念被人们创造出来之后，如何实现这些理念就是最为关键的问题。显然，国外诸多实际经验告诉我们，实现刑事政策的目标和理念必须依靠制度化的构建，通过建立有针对性的、可行的制度，将行刑社会化等理念从一种思想转变为现实，这无疑是“理论指导实践”最为现实的样板。

二、我国刑事政策制度化的路径选择

通过对刑事政策制度化的域外经验考察，我们可以从国外先进民主和法治国家的经验中学习和领悟到很多制度化的要点。例如，在刑事政策制度化过程中，要妥善处理政党纪律与国家法律之间的关系，对我国而言尤为重要。我国党员与国家工作人员高度重合，协调好党规党纪与刑事法律制度之间关系对发挥政党纪律在打击党员犯罪方面的作用至关重要。同时，刑事政策制度化并不应成为空中楼阁。相反，从国外的经验中我们可以观察到，刑事法律制度的创新和发展往往起源于一种新的刑事政策思想的诞生；而将刑事政策运用到实践过程中，就是将刑事政策制度化的过程。这个制度化过程中，宪法应发挥源头和保障的作用；通过建立完善的具体制度，实现具体刑事政策的目标。

（一）依法治国与依法执政：国家治理与党的领导

建设中国特色社会主义法治国家，必须坚持党的领导不动摇。刑事政策制度化作为与法治国家建设相配合的理念和建构，同样需要发挥党的领导作用。新中国成立以来，我国在国家治理的方针跟策略上经过三次重要的转换，这三种截然不同的治理时期显示出我国的领导层有关国家治理理念的变化与革新。第一个阶段是“政策主导”时期（1949～1979年）。特别是在“文化大革命”期间，法律被废除，只有政策在发挥作用。对此我们应当时刻保持警惕和反思。“新中国成立初期，我们党在废除旧法统的同时，积极运用新民主主义革命时期根据地法制建设的成功经验，抓紧建设社会主义法治，初步奠定了社会主义法治的基础。后来，党在指导思想上发生‘左’的错误，逐渐对法制不那么重视了，特别是‘文化大革命’十年内乱使法制遭到严重破坏，付出了沉重代价，教训十分惨痛!”[①] 第二个阶段是“政策—刑法双轨”时期（1979～1999年）。我国初步恢复法制，但是尚未建设起完备的法律体系，因此政策的作用仍然占据主导地位。“严打”等政策在显示成效的同时，也体现出严重的弊端。第三个阶段是“刑法—政策双轨”时期（1999年至今）。我国已经建立起完备的中国特色社会主义法治体系，并明确提出要“依法治国”，犯罪治理主要依靠规范制度实现，刑事政策的作用逐步从直接变为间接，初步实现政治与法律的分离。

1978年，邓小平同志就对我国未来发展的目标与方向进行了预测，他高瞻远瞩地指出：“为了保障人民民主，必须加强法制。必须使民主制度化、法律化，使这种制度和法律不因领导人的改变而改变，不因领导的看法和注意力的改变而改变。”[②] 社会主义的民主政治问题，从根本上讲就是一个制度建设的问题。要想提高社会主义民主的发展程度与水平，必须建立起与之相配套的、能够保证其切实和稳定发挥功效的制度。没有科学与完善的民主制度，发展社会主义民主只是一句空话。我党和政府也充分地认识到了这一点，特别是“文化大革命”的惨痛经历，让党和人民都对制度缺失的严重后果有了深入骨髓的深刻体会。因此，制度建设是我党和政府现阶段工作的重中之重。党的十六大提出了“实现社会主义民主政治的制度化、规范化和程序化”的命题，[③] 十七大和十八大也都重申了这一观点，说明“制度化”的工作已经是正在进行时。刑事政策作为我党和政府的犯罪治理政策，理应同步纳入“制度化”工作的轨道中，通过“制度化”的方式保障犯罪治理过程中的民主与法治。制度化建设与法治建设在很大程度上就是一个意思。我们在坚

---

① 参见中共中央文献研究室编：《习近平关于全面依法治国论述摘编》，中央文献出版社2015年版，第8页。

② 转引自王乐泉：《坚持和发展中国特色社会主义法治理论》，载《中国法学》2015年第5期，第5～8页。

③ 参见张文显：《中国特色社会主义法治理论的科学定位》，载《法学》2015年第11期，第3～6页。

持党的领导的前提下，应首先从大方向上确定法治建设目标与路径：[①]

第一，国家与社会治理模式向法治化转型。国家与社会的治理是一个庞大和复杂的工程。正因如此，我们才更要在治理方法和理念上慎重选择，从源头上把控国家和社会的治理策略的方向。横观现今世界，民主与法治已经成为无可否认的主流。若想国家长治久安，社会安定太平，应依靠稳定与合理的制度。法治就是依靠法律制度治理国家和社会的理念和模式。在法治模式的治理下，国家和社会都在一整套完善和科学的制度框架下运行，不会因某个人的意志而突然改变。在这样稳定的环境中，我们每一个人都能对自己和他人的行为作出较为清晰和准确的预测，不用担心自己的生活会被突然降临的“政策”所打扰。这样的治理制度才是我们现在急切需要的，也是顺应国际和时代潮流的。[②]

第二，明确法治化建设的任务与目标。将法治化建设确定为我国国家和社会治理的基本方向之后，就必须明确法治化建设的任务和目标；只有对这些内容有着清晰和确定的认知，才能够有的放矢地建设社会主义法治。法治化国家要求国家具备现代化的治理体系和治理能力，同时要充分发挥社会的自我治理能力，转变政府和国家一把抓的传统思维，促进国家治理结构由“强政府、弱社会”向“强政府、强社会”转型，提高社会作为治理主体的地位之后，更有利于充分地调动社会资源，为国家和政府分担负担，将优势资源集中到国家治理的主要领域。实现这样的法治目标，就必须为之建设相匹配的法律体系，构建国家、政府、社会相互配合的制度体系；升级我国现有的法律体系，从“有法可依、有法必依、执法必严、违法必究”的“有”的初级形态向“科学立法、严格执法、公正司法、全民守法”的“优”的高级形态升级。

第三，推进国家与社会治理制度化。中共中央《关于全面推进依法治国若干重大问题的决定》传达出要系统化、体系化地建设社会主义法

① 参见徐汉明等：《深化司法体制改革的理念、制度与方法》，载《法学评论》2014年第4期，第33~40页。

② 参见徐汉明：《推进国家与社会治理法治化》，载《法学》2014年第11期，第14~18页。

治的信息。表示建设法治中国就必须坚持同步推进依法治国、依法执政、依法行政等各项工作，对国家、政府和社会进行一体化的法治建设。习近平总书记明确指出："我们要坚持以实践基础上的理论创新推动制度创新，坚持和完善现有制度，从实际出发，及时制定一些新的制度，构建系统完备、科学规范、运行有效的制度体系，使各方面制度更加成熟更加定型，为夺取中国特色社会主义新胜利提供更加有效的制度保障。"[①] 但是，法治化的概念也有着一定的局限性。法律作为一国之最主要和最重要的正式制度，在国家和社会的治理当中发挥着最为关键的作用。因此，法治才会成为国家治理现代化的标志与核心。但是在法律之外还有其他形式的正式制度，而除了正式制度还有非正式制度，因此"制度化"的概念是对法治的全面补充。[②] 我国越来越认识到制度在国家和社会治理中的重要性。特别是对于我国这样的国家，制度是否完善与合理，直接决定着我党的执政能力和国家治理能力。因此，党和政府在提出法治化命题的同时，还特别强调了要从"制度化"的角度对"国家治理体系"进行构建，要首先做到国家和社会的治理"规范化""制度化"。[③]

第四，推进国家治理体系的法治化。国家的治理是一个复杂的工程，需要依靠数量庞大的制度相互配合形成制度体系进行。在党的领导下，我国的国家治理体系涵盖国家治理的方方面面，经济、政治、文化、社会、生态文明和党的建设的各领域体制机制、法律法规安排等。在这个治理体系中，包含诸多的要素，如作为管理者的国家，作为被管理者的公民，以及治理手段、治理方式、治理策略等。正是这些要素结合在一起才形成了庞大的国家治理制度体系。然而在这个治理体系中，

---

① 习近平：《紧紧围绕坚持和发展中国特色社会主义学习宣传贯彻党的十八大精神》，载《人民日报》2012 年 11 月 19 日，第 2 版。

② 参见俞可平：《衡量国家治理体系现代化的基本标准——关于推进"国家治理体系和治理能力的现代化"的思考》，载《北京日报》2013 年 12 月 9 日，第 17 版。

③ 参见莫纪宏：《国家治理体系和治理能力现代化与法治化》，载《法学杂志》2014 年第 4 期，第 21 ~ 26 页。

我们也必须坚持以法治化的思维进行制度构建。只有这样才能保证在治理体系中，国家不会利用自己管理者的地位滥用权力。国家治理法治体系是基于以国家根本法宪法为核心的法律体系建立起来的，最首要的目的应当是规范国家的管理活动，除此之外还负责调控国家的法律体系、国家权力体系、公民权利体系、公民义务体系、政府责任体系和国家责任体系等，是国家治理法律体系的动态化、常态化和实效化。对国家治理法律体系进行法治化的构建，显示出国家治理能力的不断提升，也是国家治理能力现代化的重要特征。

总而言之，在我国法治化建设的过程中，我们要始终坚持党的领导，充分发挥党的领导作用。而在刑事政策制度化的过程中，我们同样需要对党的领导地位予以坚持。由于刑事政策是特定领域的国家治理政策，在坚持党的领导的同时，我们还要妥善地处理党的纪律和国家法律之间的关系。党的领导与法治建设不存在矛盾和对立，与刑事政策同样也不能存在矛盾和对立。坚持党的领导不仅是依法治国的基本立场，也必然是刑事政策制度化的基本立场。

（二）刑事政策法治化

刑事政策的法治化与刑事政策的立法化是不同的概念。刑事政策的法治化关注点在于刑事政策从制定到实施过程中的合法性问题；而刑事政策的立法化指的是将刑事政策转化为刑事立法的过程。二者是从不同的视角对刑事政策提出的命题，彼此没有包含与被包含的关系。立法化了的刑事政策并不必然符合法治的要求，再邪恶的刑事政策都可能被写入刑法典；而法治化的刑事政策也不是只有立法这一种方式和途径。刑事政策法治化与刑事政策制度化既有共性，又区别明显。刑事政策法治化强调的是刑事政策的法治属性，在现代刑事政策理念之下，这应当是一国之刑事政策应当具备的基本要求；而刑事政策制度化则是在其基础上提出的更高层次的要求。

刑事政策法治化的基本路径应从以下几点加以考虑：

第一，刑事政策制定主体的合法化。刑事政策是国家治理犯罪领域最基本的方针和策略，关系到国家刑罚权如何行使的问题。刑事政策的内容与公民的基本权利和自由息息相关，是影响公民生活和权益的国家重大事项。也正因如此，刑事政策制定主体的选择就显得尤为重要。将这项重要的权利交给谁来行使，是事关刑事政策成败的核心问题。由于刑事政策本质上是一项国家的公共政策，因此国家当然享有制定主体的地位。但是国家也不能随便把这样的权利交给一个国家机关去行使。制定刑事政策的主体必须有权对全国性的重大事项作出决定。根据我国的政体和国体，这样的主体大概有执政党中央机构、国家集体领导型政治领袖、国家立法机关和国家行政机关。鉴于执政党机关并不是政府机构，根据现代法治和民主精神，政党的意志应当通过其领导的政府来表达和实现，因此执政党不应作为刑事政策的制定主体。国家行政机关更是无权对涉及司法内容的事项作出决定。而国家首脑一般只有象征性的决定权，不应负责具体事务，否则就有独裁的危险。因此国家立法机关是最合适的制定主体。但是我国现在对于刑事政策的制定根本没有一个清晰的规定，甚至对于制定主体的确定都没有任何条文可供参考。很多被投入使用的刑事政策，在表现形式上甚至只是会议纪要或领导讲话，既不是经过民主方式产生，也不具备任何符合法治要求的形式要件。因此，开展刑事政策法治化工作的当务之急是要对刑事政策制定的主体进行法治化的认定。

第二，刑事政策制定程序的合法化。仅仅确定刑事政策制定主体还不足以保证刑事政策的法治属性。如果没有正当的程序，很难产生正当的结果。所以，刑事政策的制定程序也必须合乎法治要求。在我国，刑事政策的制定程序没有法律的明确规定，只在实践层面有一些约定俗成的认识，一般来说，执政党和国家领袖作出涉及犯罪治理的决定、讲话和指示的过程都属于刑事政策的制定程序，国家的立法机关、司法机关制定有关刑事立法和司法的政策过程也同样是刑事政策制定程序。由于执政党是“各种社会公共权力的组织机构的领导核心”,[①] 因此执政党的各种文件，包括决议、纪要等，往往被认为天然地具有合法性，从而不

① 参见宁骚主编:《公共政策学》，高等教育出版社2003年版，第24页。

需要具备形式要件即可成为我国的刑事政策。大多数国家机关的刑事政策是以各种会议报告、文件、纪要等为渊源的，执政党和国家领导人的决策、讲话与指示也是相对比较简易的程序。过去我们通常把这些文本都认为是刑事政策，但是却很难解释其与法治要求相违背的问题。根本原因在于这些所谓“刑事政策”的出台，缺少了正当程序。因此，未来我们要对刑事政策的制定程序作出详尽的规定，对于上述那些刑事政策文本，我们可以认定为一种刑事政策理念，这些“理念”经过正当程序的确认之后方可被认作国家正式的刑事政策。

第三，刑事政策制定的最终形式合法化。由于我国刑事政策制定没有统一的程序，因此也就没有一个统一的形式要件标志，在实践中刑事政策文本具有诸多的形态，我们可以很明显地发现其中的混乱之处。根据过往的传统，我国刑事政策文本的表现形式通常与制定主体和场合密切相关，如果首先出现在政治领袖的讲话中，往往表现为“会议纪要”的形式；如果是执政党或国家行政机关的非专门文件，往往以各种“决定”的形式出现。而且，这些刑事政策的具体文字表述具有一定随意性，会出现不同的主体作出的刑事政策文件或解释不协调甚至相互矛盾，严重地影响了刑事政策的科学性。因此，我国刑事政策还应在最终的表达方式上作出改进。应当确定一种刑事政策的最终表达方式，这样既符合程序正义的要求，也能够增强刑事政策的科学性和权威性。

第四，加强刑事政策制定与执行中的社会参与。现代刑事政策强调以更为宽广的视角审视犯罪治理。实现防卫社会的目的，不仅需要国家依据职权打击犯罪，同时也应充分发挥社会的自我防卫能力。因此，社会应当作为刑事政策制定与执行的主体参与到刑事政策中。“公众参与犯罪预防不仅是需要的，而且是必须的，刑事司法系统能否成功地对付大量的违法犯罪，在很大程度上依赖公众的参与活动。”[①] 联合国《加拉斯加宣言》更特别提及“必须对以法律为唯一基础的传统预防犯罪战略

① 肖建国：《中国现代化进程中的犯罪研究》，复旦大学出版社 1999 年版，第 58 页。

进行检讨”。庞德曾经说过“如果法律在今天是社会控制的主要手段，那么它就需要宗教、道德和教育的支持”。[①] 刑罚权作为一种公权力，理应只由国家行使。然而犯罪的治理并不能仅仅依靠刑罚，现代犯罪学和刑事政策的研究都表明，对于部分犯罪，刑罚之外的治理措施更能有效进行预防和控制。诸如刑事和解、社区矫正等非刑罚措施，在对犯罪人进行处罚的同时，还能起到良好的社会效果，既能够帮助犯罪人重返社会，又能消除潜在的不稳定因素。因此，现在大多数国家都已经开始将社会力量引入犯罪治理的工作中，充分发挥社会的主体地位。

我国有观点认为：“在国家（政府）与人民（公民）的相互关系中，法治突出地表现为：‘凡法律明文授权的，政府始得为之；凡法律未明令禁止的，公民皆可为之。’表现在国家处理孤立地反抗现行统治关系的犯罪行为及其惩罚的刑事法律关系上，法治就必然地表现为‘法无明文规定者不为罪；法无明文规定者不罚；非依法定程序不得定罪与处罚’，这就是我们所说的‘刑事法治’。法治国家的核心就是要对涉及公民生命、自由及财产等基本权利和自由的刑事惩罚实行罪刑法定；换言之，没有罪刑法定，没有刑事法治，法治国家也就成了一句空话。”[②] 如果不能保证刑事政策的合法属性，那么刑事政策就会是一匹脱缰的野马，随时可能造成致命的危险。

（三）刑事政策体系化

构建刑事政策制度化不是简单地制定若干政策就可以实现的，需要制定一定数量的制度规范，彼此相互配合，形成系统和科学的制度体系。在构建刑事政策制度化的过程中，我们不仅要制定科学的、法治化的刑事政策，同时还要对刑事政策的体系进行科学考察，为刑事政策制度体系的构建作出科学与合理的设计。本部分将结合我国刑事政策的现

---

① 参见［美］庞德：《通过法律的社会控制》，沈宗灵、董世忠译，商务印书馆1984年版，第56页。

② 卢建平：《论法治国家与刑事法治》，载《法学》1998年第9期，第38页。

状，系统地论述我国刑事政策制度化过程中的体系构建。

1. 我国刑事政策制度系统构建的模型分析

正如搭建房屋需要先搭建框架结构一样，刑事政策体系的搭建就是为刑事政策制度化的构建搭建框架结构，是刑事政策制度化的前提和基础。因此制度化的构建必须从体系的搭建开始。古语有云，“工欲善其事必先利其器”。在对我国刑事政策进行制度化构建之前，我们必须对我国刑事政策体系的现状进行分析和评估，从而能够为我国刑事政策体系的搭建制定最为合理和有效的方案。

根据戴尔玛斯—马蒂教授对刑事政策体系的分类，刑事政策体系在区分犯罪与越轨行为的情况下，依据常量关系的不同可以分为四种类型，即以国家为中心的国家主导模式、社会参与模式以及以社会为中心的社会主导模式和社会医疗社会模式。其中由于社会医疗社会模式不符合国家的一般功能定位，在现实中几乎不可能存在，因此一般在分析一国刑事政策体系类型时将其从模式类型中排除。而在刑事政策不区分犯罪和越轨行为的情况下，刑事政策体系就可能演变出两种极端模式，即完全依靠国家排斥社会的极权主义模式，和完全依靠社会排斥国家的自由社会模式。因此，就产生了五种基本的刑事政策体系的类型。

戴尔玛斯—马蒂构建了五种刑事政策体系类型的模型，通过对这五种模型的量的解析，我们可以发现刑事政策体系的模式类型是由犯罪—越轨行为与国家和社会的关系决定的。具体而言，是由犯罪—国家反应、犯罪—社会反应、越轨行为—社会反应和越轨行为—国家反应这四组关系决定，也就是前文中所讲的刑事政策体系的常量关系。为了对这四组关系进行具体的量化分析，我们可以把这四种关系细分为刑事政策体系中国家反应的参与程度、刑事政策体系中社会反应的参与程度、刑事政策体系中国家反应对犯罪—越轨行为的管控程度以及刑事政策中社会反应对犯罪—越轨行为的管控程度这四种指标，并根据这四种指标各自的强弱程度划分为 0 ~ 3 四个级别，然后通过评测四个级别的具体级别，两两组合得到犯罪—国家反应（I – Re）、犯罪—社会反应（I – Rs）、越轨行为—国家反应（D－Re）和越轨行为—社会反应（D－Rs）这四组关系的刑事政策体系坐标（见表1）。

表1　刑事政策体系常量关系量化指标

程度	完全依靠国家（3）	国家主要地位（2）	以国家为辅（1）	完全没有国家/社会（0）	社会主要地位（－1）	以社会为主（－2）	完全依靠社会（－3）
控制全部犯罪（3）	3，3	3，2	3，1	3，0	3，－1	3，－2	3，－3
对犯罪控制较强（2）	2，3	2，2	2，1	2，0	2，－1	2，－2	2，－3
对犯罪控制较弱（1）	1，3	1，2	1，1	1，0	1，－1	1，－2	1，－3
无控制（0）	0，3	0，2	0，1	0，0	0，－1	0，－2	0，－3
对越轨行为控制较弱（－1）	－1，3	－1，2	－1，1	－1，0	－1，－1	－1，－2	－1，－3
对越轨行为控制较强（－2）	－2，3	－2，2	－2，1	－2，0	－2，－1	－2，－2	－2，－3
控制全部越轨行为（－3）	－3，3	－3，2	－3，1	－3，0	－3，－1	－3，－2	－3，－3

如表1所示，刑事政策体系对国家反应的使用程度可以分为四个级别：完全依靠国家排斥社会和公众的参与、以国家反应为主、以国家反应为辅以及完全不依靠国家，这四个级别按照刑事政策体系对国家反应强弱排列，分别对应3、2、1、0这四个分值。国家反应和社会反应作为此消彼长的一对关系，构成一个坐标的两极，因此刑事政策对社会反应的依赖程度用上述方式划分为－3、－2、－1、0四个级别。同理，犯罪和越轨行为以刑事法为分界点，国家或社会对犯罪—越轨行为的管控

程度同样呈现此消彼长的关系，依照上面的规则，也可以把国家或社会对犯罪和越轨行为的管控程度划分为 3、2、1、0 和 -3、-2、-1、0 八个级别。然后再通过两两组合，得到犯罪—国家反应（I-Re）、犯罪—社会反应（I-Rs）、越轨行为—国家反应（D-Re）和越轨行为—社会反应（D-Rs）四组坐标。如果以国家主导模式为例，国家主导模式刑事政策体系的特点呈现为：以国家反应为主，得分 2，国家管控全部犯罪，得分 3，国家管控全部越轨行为，得分 -3，社会反应为辅，得分 -1，社会对犯罪管控力较弱，得分 1，社会对越轨行为管控力较弱，得分 -1。那么根据国家主导模式的上述特点就可以确定刑事政策体系常量坐标，即犯罪—国家反应（I-Re）——（3，2）、越轨行为—国家反应（D-Re）——（-3，2）；犯罪—社会反应（I-Rs）——（1，-1），越轨行为—社会反应（D-Rs）——（-1，-1）。根据这四组坐标，绘制国家主导模式刑事政策体系样态图（见图 1）。

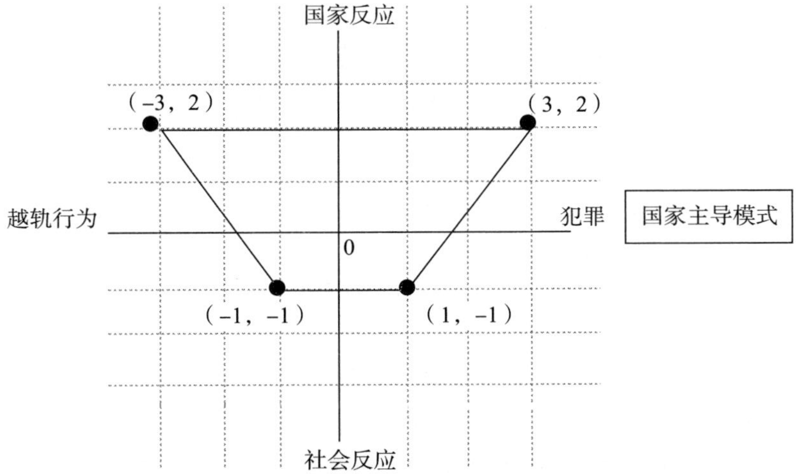

图 1　国家主导模式刑事政策体系样态

从样态图 1 中可以看出，国家主导模式的刑事政策体系呈现明显向国家反应倾斜的样态，社会反应的参与程度和对犯罪—越轨行为的管控程度都很薄弱。

根据上述的模式分析，我们还可以对另一种主要的刑事政策体系模式——社会参与模式的体系样态进行测绘。社会参与模式的特点是：国家和社会在该反应体系中都占据着重要地位，同时，犯罪—越轨行为也由国家和社会分工管理，各自都不完全掌控对犯罪或越轨行为的反应，两者之间处于一种平衡状态。对照得分表，我们可以得出社会参与模式的评分，并绘制出社会参与模式的刑事政策体系样态图（见图2）。

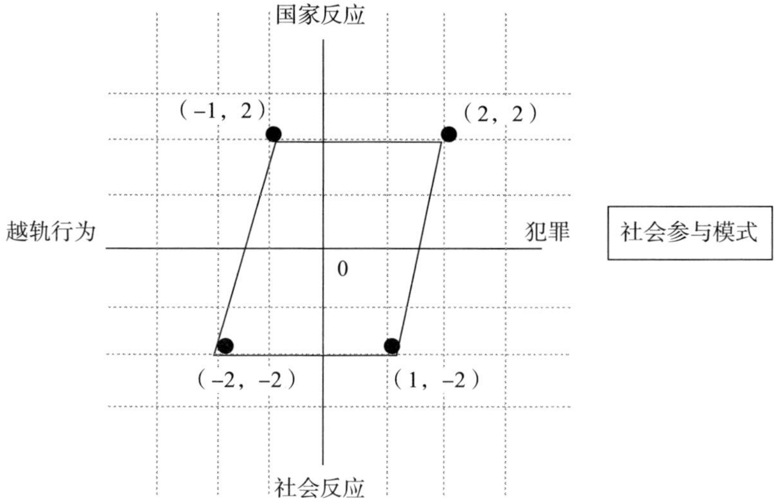

图2 社会参与模式的刑事政策体系样态

从样态图2中可以看出，社会参与模式中国家主导犯罪而社会主导越轨行为的反应，国家和社会在刑事政策体系中处于均衡的状态，是一种较为理想的样态。

然而上述两种样态都是较为理想或者说经典的模型，事实上，因为现实中一个国家的治理思想的多样性，会让刑事政策体系呈现非典型或者多样化的样态，而不像标准模式那样清晰地表现出某一模式的特征。但是这并不意味着建立模型就没有价值和意义，相反，正是因为现实的复杂性和多样性，我们才更需要构建标准的模型来观察和比较现实模式与标准模型之间的异同，从而为我们构建和改造刑事政策体系提供指引和参考。

2. 我国刑事政策体系模式的样态

这里我们将根据前文中已经建立的刑事政策的常量、变量来确定我国刑事政策体系的模式类型。

刑事政策体系的常量指的是一个国家刑事政策体系中国家反应和社会反应，以及犯罪—越轨行为，刑事政策体系的模式正是由国家反应和社会反应与犯罪—越轨行为之间的关系决定的。戴尔玛斯—马蒂教授认为这种关系如下：①

A. 犯罪—越轨行为与国家反应之间的关系（ID – Re）；

B. 犯罪—越轨行为与社会反应之间的关系（ID – Rs）。

在区分犯罪和越轨行为的情况下，这两组关系就分化为四组：

A. 犯罪行为与国家反应之间的关系（I – Re）；

B. 犯罪行为与社会反应之间的关系（I – Rs）；

C. 越轨行为与国家反应之间的关系（D – Re）；

D. 越轨行为与社会反应之间的关系（D – Rs）。

那么，确定一个国家的刑事政策体系的类型就被分解为了确定上述这四组常量之间的关系的工作。这里我们再次需要用到上文中使用过的常量关系评测表，对我国刑事政策的常量进行评测，绘制出我国刑事政策体系的样态图，然后与经典模型进行对比，从而确定我国刑事政策体系的模式（或者说类似模式），并分析我国刑事政策体系与理想模式之间的差距和改进方向。

首先，从第一组数据国家或社会的参与方式开始。国家和社会作为我国刑事政策体系的两类主体，其参与的程度不同将影响刑事政策体系的类型。这里要分两步走，第一步看社会是否参与了刑事政策体系。由前文可知，我国刑事政策的主体不是单一主体，社会主体分得部分国家刑事权力，参与到刑事政策过程中来。在刑事政策的理论上，我国学界也大多承认社会在刑事政策中的主体地位，如甘雨沛、何鹏提出“社会团体”是刑事政策主体和梁根林表述的“社会整体”。② 事实上，我国

---

① 参见［法］米海依尔·戴尔玛斯—马蒂：《刑事政策的主要体系》，卢建平译，法律出版社2000年版，第56页；常秀娇：《刑事政策社会化研究》，北京师范大学2013年博士学位论文；梁根林：《刑事政策：立场与范畴》，法律出版社2005年版，第72页。

② 转引自常秀娇：《刑事政策社会化研究》，北京师范大学2013年博士学位论文。

有着社会参与犯罪治理的传统，如“密切联系群众”就是我党的“三大法宝”之一。[①] 但是在改革开放之后，因为我国面临社会转型的巨大变革，社会制度和法律制度的重建给了犯罪分子可乘之机，犯罪形势非常严峻。在这样的背景之下，决策层做出了“严打”的决定。在这一时期，我国刑事政策体系对于犯罪反应的主体的认识，与前一时期相比明显发生了变化，将犯罪的反应主体主要界定为国家的精英力量和专门力量，而不再泛化为“群众”，民间社会在对犯罪的反应中的参与性不断减少。然而随着改革开放后的20多年内主要依靠国家力量打击犯罪没有取得理想的效果和成绩，决策层开始反思对刑事政策体系主体的认识，对犯罪治理中的社会参与再次给予了高度关注。第二步看社会参与的方式，社会是主导者还是辅助者。我国现今的刑事政策体系虽然有社会主体的参与，但是参与的社会主体一般都带有明显的官方特征，因此我国刑事政策体系中的社会只是扮演辅助者的角色。

至于我国刑事政策体系中国家参与的方式，毋庸置疑地是以主导者的姿态主导着犯罪反应的活动。对于犯罪反应，在观察、决策和执行过程中，主导者只能是国家主体，各类的组织和公民个人最多只能发挥参与和协助的作用。在我国，刑事惩罚和行政处罚均是以国家权力为中心展开的，特别是刑罚权必须且只能由国家行使。即使在有社会参与的领域中，社会参与的活动也都是在国家的主导之下进行的。因此国家主体在我国刑事政策体系中占据着不可动摇的主导地位。

其次，我们再来分析第二组数据，即国家或社会的参与程度。这里同样需要分两步进行分析。第一步，先要分析国家在刑事政策体系中的反应对象的范围，即国家反应对犯罪—越轨行为的管控程度。我国在犯罪治理过程中是区分犯罪和越轨行为的，法律为犯罪和越轨行为划分了明确的界限，这决定了我国刑事政策体系不可能是极权主义或者自由社会那样的极端模式。因为，我国在犯罪的概念上采取的是“定性＋定量”的模式。对于犯罪行为的管控，我国一向以严厉著称，迄今为止，

---

① 参见卢建平：《中国犯罪治理研究报告》，清华大学出版社2015年版，第184页。

我国刑法学者们都在推动我国刑法体系从“厉而不严”向“严而不厉”的方向改变。因此，在我国刑事政策体系中，国家毫无悬念地管控全部的犯罪。对于越轨行为的管控，我国也十分地严厉。我国有着极为庞大的行政处罚和管理的法律法规，几乎刑法中的每个罪名，都可以在行政处罚中找到与其相对应的形态。特别是在劳教制度废除之前，我国行政处罚的严厉程度有时甚至可以高于刑法的刑罚。结合这两点特征，可以得出我国刑事政策体系中国家对犯罪的管控达到了“完全”的程度，而对越轨行为的管控虽然没有到“完全”的地步，但也达到了仅次于“完全”的“较强”程度。

第二步，再来分析社会在刑事政策体系中对犯罪和越轨行为的管控程度。对于犯罪的管控，社会主体在我国刑事政策体系中的参与程度十分有限。由于决策层对社会主体的认识发生过数次转变，在近些年才重新重视社会主体的参与，因此有关社会主体参与的程序和参与的内容都尚处在探索的过程中，还未完全成型，但也已经取得了一定的成绩。在我国，经济组织、非营利组织、基层群众性自治组织、传媒组织和家庭组织等社会主体都已经参与到了犯罪治理的实践中了，特别是我国司法改革不断推进，社会主体参与的深度和广度都有了较大提升，社会治安综合治理基本刑事政策的制定和落实使社会主体做到了犯罪预防领域的积极作为和犯罪反应领域的参与协助，集中体现在刑法运行层面。我国的刑法立法一向是我国立法工作中公开程度最低，但是这种局面也在改善。例如，在将《刑法修正案（九）（草案)》和《刑事诉讼法修正案(草案)》提交全国人民代表大会及其常务委员会审议之前，将草案全文及说明公布在中国人大网上，向社会公开征集意见。在刑事司法中，我国的刑事诉讼模式是典型的国家职权主义，因此社会参与的程度也较低，人民陪审员制度甚至形同虚设。但是随着我国开展社区矫正工作，社会在司法中的参与程度也在提高。至于对越轨行为的管控，最近几年的情况所有改变。在劳教制度尚未废除的时期，国家对于越轨行为的治理可谓异常严厉。但是随着劳教制度的废除，国家对越轨行为的治理思路也发生了转变，社会主体就有了更多参与空间和途径，从以前几乎没有任何参与的状况中走出来。公民个人作为社会中的个体，他们对越轨行为的反应也应当视为是社会反应的一部分。公民在与犯罪和越轨行为斗争的过程中，不仅可以利用法律等公权力，同时也享有一定的自卫权力。尚未达到刑事责任年龄的人的越轨行为和精神病人的越轨行为，主要是依靠社会的力量进行控制。因此，综合来看，社会对犯罪和越轨行为的管控力度都较弱。

在对我国的刑事政策体系常量进行评析之后，就可以根据分析得出的结论对照常量评估表，评估出各常量的具体分值，然后组合出常量关系坐标，进而绘制出我国刑事政策体系的样态图（见图3）。

我国刑事政策体系的常量关系坐标分别为：犯罪—国家反应（I－Re）——（3，2）、犯罪—社会反应（I－Rs）——（1，－1）；越轨行为—国家反应（D－Re）——（－2，2）、越轨行为—社会反映（D－Rs）——（－1，－1）。

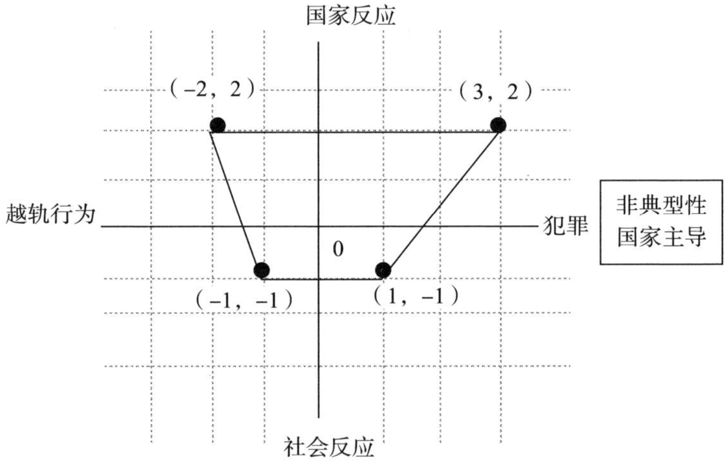

图3　我国刑事政策体系样态

3. 我国刑事政策体系的运动趋势

随着我国把“宽严相济的刑事政策”写入“《刑法修正案九（草案)》说明”之中，并明确地表示我国的这一基本刑事政策是我国刑法修订的指导思想，标志着刑事政策的地位获得了最高的认可。决策层对刑事政策的重视，对于刑事政策学和刑事政策学者来说都无疑是好事，可以极大地促进刑事政策及其理论研究的发展。在国家、社会、学者的多方推动之下，我国的刑事政策体系也缓慢地发生变化。

最明显的变化就是国家对于越轨行为的管控开始放松，越来越多地引入社会主体参与其中，发挥社会主体的作用。国家治理越轨行为的过程非常需要社会的参与。这一点在我国之前的刑事政策实践中恰恰是相反的。一般来说，越轨行为的危害程度与犯罪行为相比更低，为了与越轨行为的危险程度相匹配，国家大都倾向于适用强制性较低的手段应对。教育、矫正和帮扶是社会主体参与这个过程的主要手段和方式。为了更加充分地利用社会资源，国家通常也更希望社会主体在治理越轨行为中发挥更加积极的作用。但是从我国治理越轨行为的实践来看，基本是依靠国家的行政手段，对越轨行为的隔绝、管控基本完全排除社会主体参与的可能性。例如，我国的劳动教养制度，突出地反映了我国治理越轨行为的反常形态。其一，劳动教养制度存在的法律依据仅仅是国务院颁布的行政规章，对被劳教人适用劳动教养的条件宽泛、随意，而且不用通过司法程序，全部过程都是行政权力在发挥作用。其二，劳动教养制度适用的范围非常广泛，几乎囊括了所有类型的越轨行为，如未满刑事责任年龄人的违法行为、未成年人的轻微违法行为、卖淫嫖娼以及吸毒等，而且适用范围还在扩大。其三，劳动教养制度的惩罚性过强，甚至高于刑罚。劳动教养的期限为1～3年，必要时还可以延长1年。这意味行政机关可以对未经审判的轻微违法人和越轨行为人实施最高可达4年的监禁，这已经超过刑法中对轻微犯罪的刑罚设置了。劳教制度如此之多的问题最终爆发，在2003年湖北大学生孙志刚因没有暂住证在被收容之后被殴打致死，我国开始劳教制度的改革之路。在2012年被逼卖淫幼女之母唐慧因上访而被劳动教养的事件直接推动了我国劳教制度的全面改革。表面上看，劳动教养制度的存废只是国家的一个制度的改革，但却反映了国家过去在治理越轨行为上的思路之错误性，以及国家改变错误的态度和决心。劳教制度废除之后，我国越轨行为的反应体系终于有了社会主体可以参与的空间。

从最近几年我国犯罪治理体系的变化来看，我国的刑事政策呈现这样几种变化趋势：第一，我国正在逐步放松通过国家手段对轻微越轨行为的管控，而对于一些社会危害性相对较大的越轨行为，国家通过犯罪化的手段将其吸收进刑法体系中进行管控。第二，我国犯罪治理体系正在越来越多地鼓励社会主体参与和社会手段。我国正在大力推行社区矫正制度，并把禁止令制度引入刑罚，丰富犯罪治理的手段，给社会主体更多参与空间。第三，社会主体作为刑事政策体系的主体开始有了更多的发挥空间。

如果这些变化趋势最终得以实现，那么我国刑事政策体系的常量关系坐标也会随之改变。国家对越轨行为的管控继续放松，从较强转变为较弱；而社会的主体地位得到提升，由原来的完全辅助的状态变为在一定情况下的主导状态；同时社会对越轨行为的管控力进一步加强，由较弱变为较强。那么我们就假设上述变化都已经完成，并根据变化后的常量关系坐标预测我国未来刑事政策体系的样态（见图4）。

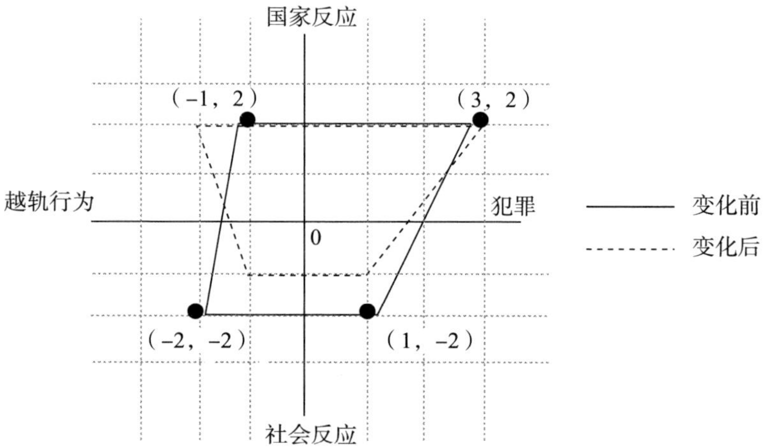

图4　我国未来刑事政策体系的样态

变化之后，我国刑事政策体系按照现在的趋势，将从类国家主导模式转化为类社会参与模式。这样的变化趋势也是国际社会刑事政策体系变化的主流趋势。

4. 我国刑事政策制度系统构建的现实分析——以失信行为刑事政策为例

对于我国刑事政策制度化的构建，在确立了我国刑事政策体系的基本样态之后，下一步要做的就是要把刑事政策体系结合精细化的刑事政策，搭建合理的且适合我国国情的刑事政策制度。下面将结合一项具体的刑事政策——失信行为的刑事政策进行具体分析。

（1）我国的失信行为刑事政策现状

失信行为刑事政策是指国家和社会对失信犯罪和失信越轨行为的反应。“信”，即诚信，意为诚实而不欺骗。我国自古就是崇尚诚信的国家。早在春秋时期就有很多赞扬诚信的典故，曾子杀彘、尾生抱柱，无一不是中华民族自古崇尚诚信优良传统的突出体现。我国自改革开放以来，国家制度剧变，社会也随之动荡，一系列的旧制度、旧传统在动荡中被打破。在构建新制度的过程中，我国社会遭受了多种价值观的冲击和碰撞，越来越多的人开始接受新的价值观，传统的价值理念逐渐被人们遗忘。这其中影响最大的无疑是诚信价值观的丢失。中国作为一个有着五千年悠久文明历史的“礼仪之邦”，如今却出现路遇老人倒地而无人敢扶的情况，每一个有良知的中国人都应该以此为耻和自责。诚信的缺失为国家和社会乃至每一个人都带来了严重负面影响。从国家层面来说，诚信的缺失导致失信犯罪的增加，治理难度加大，同时国家工作人员在工作中上瞒下骗，致使国家的各项规定无法得到切实的执行，国家的治理能力大大降低。从社会层面来讲，一个失信的社会蕴含着非常多的风险点，这些风险点随时可能失控，爆发出大量的犯罪或越轨行为，威胁社会的稳定。从公民个人的层面来看，失信行为最终损害的一定是公民个人的利益，无论官员贪污腐败还是老板欠薪不还，损害的都是公民的合法权益。

党和政府作为我国犯罪治理的决策者，显然也已经认识到这个问题的严重性，不仅在一致大力提倡重塑社会中的诚信价值，而且在刑法中设立多项失信行为犯罪，加大对失信行为的打击力度。例如，《刑法修正案（九）（草案）》的说明中就明确表示要“维护社会诚信，惩治失信、背信行为，针对当前社会诚信缺失、欺诈等背信行为多发，社会危害严重的实际情况，发挥刑法对公民行为价值取向的引领作用”。[①] 在《刑法修正案（九）》中，伪造、变造居民身份证件的犯罪规定受到修改，其中证件的认定范围扩大到了护照、社会保障卡、驾驶证等其他证件；还将几种新的行为纳入该罪名中，如买卖居民身份证、护照，以及使用伪造、变造的居民身份证、护照等。同时，长期以来在社会舆论中呼声很高的将考试作弊犯罪化得到了实现。今后，在国家规定的考试中，存在组织作弊，或者为他人提供作弊器材的都将构成犯罪，而对于“替考”的行为，无论是“枪手”还是雇主都将构成犯罪。关于诚信犯罪，还有另外一项新增加的罪名引人注目，即虚假诉讼罪。法条规定将为谋取不正当利益，以捏造的事实提起民事诉讼，严重妨害司法秩序的行为认定为犯罪。从这些改动可以看出，我国刑事政策决策者试图通过在刑法中增设失信罪名的方式，构建对失信行为的惩罚体系。这体现在失信行为刑事政策中，决策者对国家反应的倾向性，也符合上文中对我国刑事政策体系态势的分析，即以国家为主导的类专制国家模式。

将失信行为犯罪化代表的是我国失信行为刑事政策体系中国家主导性，同时也体现出国家手段对失信犯罪的完全管控。那么再来看国家对失信越轨行为的态度和管控程度。对于失信越轨行为，也就是尚未犯罪化的失信行为或没有达到定罪标准的失信行为，我国依旧是依靠行政手段进行管控。以组织考试作弊的行为为例，在该行为尚未被犯罪化之前，通常是由各种规章制度调控。而且这些规章制度从效力级别到具体规定都有很大的差异。例如，《高等教育自学考试暂行条例》规定省、自治区、直辖市高等教育自学考试委员会是考试作弊行为的处罚主体，《国家教育考试违规处理办法》规定的处罚主体是各级教育考试机构，《普通高等学校招生违规行为处理暂行办法》（2014 年发布，教育部令第 36 号）则赋予各级教育行政主管部门行政处罚权。又如，各类文件对于处罚标准的规定也不统一。《国家司法考试违纪行为处理办法》

---

① 参见 http：//www. npc. gov. cn/npc/lfzt/rlys/2014 –11/03/content_ 1885123. htm。

(2008 年司法部令第 114 号) 第 8 条、第 9 条规定，对于严重考试作弊的，给予当年考试成绩无效、2 年内或者终身不得报名参加国家司法考试的处理。《公务员考试录用违纪违规行为处理办法》(2009 年人力资源和社会保障部令第 4 号) 第 7 条、第 8 条规定，对于严重考试作弊的，取消本次考试资格、5 年内或终身不得报考公务员。同样是考试作弊行为，这两个文件的处理各不相同。虽然规章制度的设定应当具体问题具体分析，因地制宜，但上述这些处罚规定在方式、种类、范围、幅度等诸多内容上都各持己见，难免让人对这些规定的科学性产生怀疑。这种种的乱象体现了国家对于考试作弊失信越轨行为管控的混乱和不力。也许正是为了改变这种现象，国家才决定将组织考试作弊行为犯罪化，通过刑法进行统一的惩治。但是犯罪化并不能解决国家对于失信越轨行为治理不力的问题。因为国家不可能将所有失信行为不论社会危害性的高低都写入刑法；而且，由于我国刑法采用的是“定罪 + 定量”的犯罪化模式，即使是对于已经被犯罪化的行为，仍然存在没有达到定罪标准的情形。那么对于这种情况就仍然由行政手段管控。当然，我国也已经在着手建立针对我国失信行为的惩戒体系，其中就包含有行政惩戒手段，这在下文将有详细论述。但是尚未建设完成的惩戒体系改变不了我国对于失信行为管控较弱的现状。

从刑事政策社会参与的角度来看，我国失信行为刑事政策体系的社会参与和管控程度十分的有限。这一点从现今失信行为的肆虐就可以看出。以上述考试作弊行为为例来说，在该行为犯罪化之前，国家本身没有对该种越轨行为的治理体系，社会参与的途径也仅有举报作弊者这样一种方式。即使举报了，作弊者是否会受到处罚还要依靠行政机关的处理。除此之外，社会根本没有任何手段和途径能够参与到这种失信越轨行为的治理之中。从这点看，我国的情况与国外失信者在社会中寸步难行的状况有着天地之别。在国家正在建立的失信惩戒机制中，国家大力引入了社会主体的参与，不仅将社会和个人作为失信越轨行为的反应主体，同时增加很多社会参与的制度，甚至是社会主体主导的惩戒制度，意图发挥社会主体在治理失信惩戒机制中的作用。但是，正如上面所言，一个尚未完全建成的机制是无法改变现状的。

因此，从上面的分析来看，我们可以对我国刑法所认定的失信行为的刑事政策体系常量关系进行评估，即在失信行为的治理中，国家占据主体地位，社会的作用较弱；国家对失信犯罪达到了完全管控的程度，对失信越轨行为近乎失控；社会对于失信犯罪几乎没有参与，对失信越轨行为的管控也没有明显的效果。根据上文中的常量关系评估表，我们可以得出失信行为刑事政策体系的常量关系坐标，测绘出其态势图（见图5）。

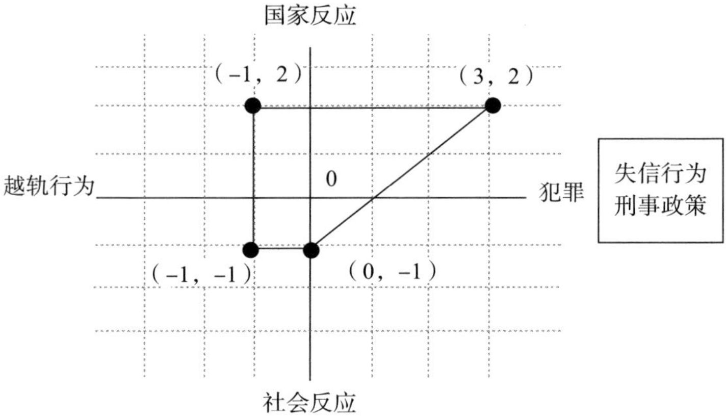

图5 失信行为刑事政策体系态势

从图5中我们可以明显看出，失信行为刑事政策体系具有巨大的缺陷和不足，我们甚至都不用去计算该种模式与标准模型之间的差异值，就知道该体系与任何一种标准模型都相去甚远。最为明显的就是社会反应对犯罪和越轨行为的参与。因此，失信行为刑事政策体系未来的构建，第一要务就是增加社会的参与并提高社会参与的程度。

（2）我国失信行为刑事政策体系的运动方向与路径选择

其一，我国失信行为刑事政策体系的运动方向。

通过对比刑事政策体系的常量关系，我们可以对刑事政策体系的特征有一个大概的认识。但是仅靠这种认识并不能够满足刑事政策制度化构建的需求。因为，刑事政策的制度化构建还需要大量精细化的刑事政策来支撑刑事政策体系，维持刑事政策体系的结构，并引导刑事政策变量的运动，通过量变引起质变，最终达到改变常量关系的目的。

刑事政策体系变量的理想模型是类似社会参与模式下，由刑事网、行政网和民事网构建的变量结构。这种结构以刑事网为核心，同时赋予行政权和私权广泛的参与权利和空间，从而使国家和社会都能充分地参与到对犯罪—越轨行为的反应过程中来，是一种较为理想的均衡模式。从国际社会上刑事政策发达国家的实践来看，也大多以这种模式为主，即使那些处于国家主导模式的国家，大多也都在朝着这种模式结构发展。因此，我们对失信行为刑事政策体系变量的构建，就以这种结构为理想模型。

首先我们来看我国失信行为刑事政策体系的变量结构。通过上面对该刑事政策体系的常量关系分析，我们已经知道我国失信行为刑事政策体系的特点是以刑事网为核心，行政和民事手段非常薄弱，几乎可以忽略不计（见图6）。

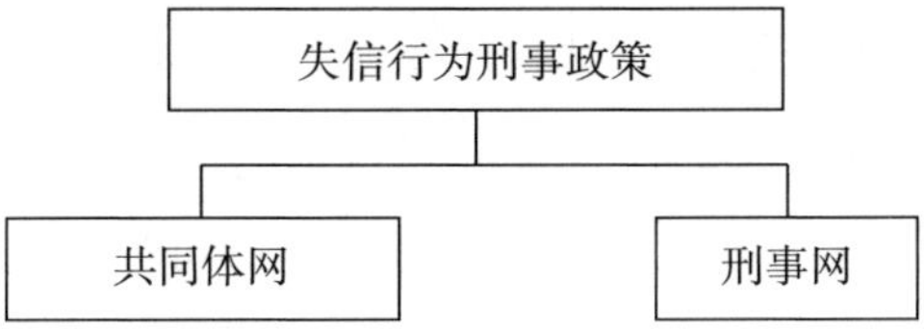

图6　失信行为刑事政策体系

因此，我国失信行为刑事政策体系的变量结构是一种非典型的结构，跟任何一种标准模型都不类似：以刑事法为核心，行政和民事手段薄弱；除了刑事网以外只能依靠公民在共同体内的自治手段，如道德谴责等手段。

通过上述对常量关系的分析，我们已经确定了失信行为刑事政策体系的运动方向，即加强社会的参与及参与的强度。那么我们就要让刑事政策体系的变量朝着这个方向运动。

概括地讲，我们需要在刑事网之外构建一个针对失信行为的行政网，然后强化社会公众的参与，将共同体网改造成民事网，从而使失信行为刑事政策体系的变量从“刑事网+共同体网”的模式，转变为“刑事网+行政网+民事网”（见图7）。具体而言，我们需要通过制定一定数量的、精细化的、具体的失信行为刑事政策，构建一个完善的失信惩戒机制。

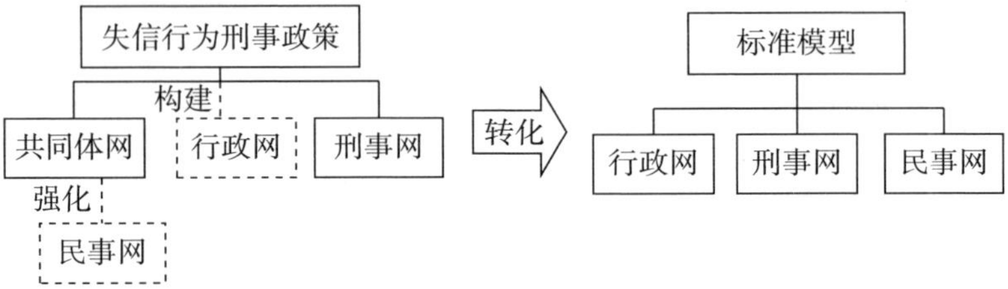

图7 失信行为刑事政策体系变化趋势

其二，我国的失信行为刑事政策体系运动的路径选择。

根据世界上刑事政策发达国家和主要的发达国家对失信行为的治理手段和方式来看，最有效的路径就是通过构建完善的失信行为惩戒机制，依靠国家、社会、个人三位一体地对失信行为进行治理。

失信惩戒机制有狭义和广义两种模式。狭义的失信惩戒模式仅指金融领域内的失信惩戒机制。通常来说，这种失信惩戒机制是以企业和个人征信数据库记录为依据，由所有授信单位共同对失信单位或个人进行惩戒的机制。广义的失信惩戒机制是在狭义的失信惩戒机制基础之上，将信用统计及于所有失信行为，并通过刑法、行政法和民法等多种手段共同惩戒失信行为的体系。

一般来说，狭义的失信惩戒机制指的就是征信系统，而广义的失信惩戒机制也是以征信系统为基础才能够建立起来的。征信系统在失信惩戒机制中处于至关重要的核心地位。通过对国外发达国家征信业的观察，我们可以对这些国家的失信惩戒机制有一个概括的了解。征信业在国外已有100多年历史，起源于美国。世界主要发达国家都建设有完善的征信体系，大体上可分为两种模式：私营征信体系和公共征信体系。作为发源地的美国，主要依靠私营征信体系，而欧洲国家主要由政府主导建设的公共征信体系。

美国作为世界上经济最发达的国家，同时也是世界上最大贸易体，为保障自由贸易的顺利进行，率先建立了民间征信体系。当这种主要以社会主导、依靠民间力量的征信制度成熟以后，欧洲和美洲的一些国家开始效仿美国的做法，纷纷建立起自己的征信制度。与美国不同的是，欧洲大多数国家的征信制度以国家为主导，主要依靠公权维持。

作为征信起源地同时也是征信系统最为发达的美国，坚持以私营征信为主体。欧洲公共征信制度则体现了欧洲国家对征信业务以国家为主导的思想。这两种模式各有利弊。以国家为主导的征信业在防止公民敏感信息泄露方面无疑有着很高的保障，这对于注重人权保障和公民隐私权的欧洲国家来说，肯定是他们的第一选择。但是从世界范围内征信业的发展来看，以民间征信系统为主导是主流趋势。众多的公共征信机构出现明显的私有化趋势。

如今，我国正处在社会转型期，互联网时代又将人们的生活带进信息爆炸的环境中，人与人之间的交往变得极其频繁和容易。“大数据”等技术的应用在为人们生活和经济发展带来便利的同时也带来相当大的风险和挑战，如电子商务、物流、专车业务等，无一不依靠互联网才能够生存和发展。新兴产业与互联网之间的密切联系性就成了中国“经济新常态”“新业态”的一个重要特征。[①] 当然，新兴产业之所以会有这样的特征，与如今人们极大依赖互联网的生活方式是分不开的。正所谓“科技改变生活”，互联网服务的快捷与便利在方便人们生活的同时，也让人们的生活已经离不开网络。现在人们足不出户就能够通过互联网购买想要的各种产品和服务，电子购物的概念也已经不再局限于购买具体的货物商品，而迅速扩展至各式各样的服务。人们可以直接通过互联网预定洗车、按摩，甚至厨师做饭的上门服务。人们消费的方式和需求的改变催生出了众多新兴产业，这些产业因互联网而生，当然也只能靠互联网而活。一些传统行业，为了顺应时代的发展和人们的需要，同时更

① 参见李后强、邓子强：《全面准确把握新常态的内涵和特征》，载《四川日报》2015年2月15日，第1版。

是为了自身生存的考虑，也纷纷做出改变，积极与互联网相结合。在新兴产业“井喷式”增长的同时，上文中提到的法律的滞后性与社会新形势之间的矛盾就尤为突出。立法者和决策者如果想要扭转现在这种被动的局面，就必须能够对新兴产业的发展态势进行准确预测。由于我国征信系统建立时间较晚，因而得益于先进信息技术的发达，征信系统从建立伊始就采用线上服务和建立互联网数据库的方式，对企业和公民的信用信息进行收集、储存、管理和评测。如果说要选择一个监测互联网产业风险点的工具，这种工具必须与互联网保持足够的密切性才行。从这点来说，征信系统无疑具有先天的优越性。

现行的征信系统由于只是一个提供信息的平台，为需要公民和企业信用信息的机构提供相关信息，因而该系统本身并没有对失信的公民或企业进行处分的权利。征信系统所提供的信用评级对公民或企业的影响也必须依靠其他机构来实现，如银行不核准信用评级较低的公民贷款的申请等。征信系统的这种特殊的作用方式，可以为“经济新常态”“新业态”下社会治理可能采用的处分手段提供新的思路。[①] 以个人为例分析，公民在经济活动中既可以是消费者也可以是经营者。可以预见的是，在国家政策的扶植下，未来几年内与互联网相关的新兴产业会以更加迅猛的速度产生和发展。那么在这样的趋势下，新兴产业也不可避免地会成为产生社会治理新风险点的重灾区。从社会治理的角度来说，虽然预防是最好的治理手段和方式，但是仅仅有预防措施是不足够的，还需要辅以必要的处分手段。我国自古就是一个重刑主义国家，我国刑法中的刑罚手段也相对较重。但是随着人类文明的进步与社会的发展，从世界范围内来看，轻微刑事犯罪在犯罪总数中的比重呈持续上升的态势，我国也不例外。虽然中国的犯罪总数在上涨，但重罪比例在降低，死刑的适用也在逐年减少。2014 年最高人民法院和公安部发布的报告均显示轻微犯罪的比重会越来越大。在这样的形势下，世界各国的刑法纷

---

① 参见朱贺、张舒迪：《“新常态”下征信系统在社会综合治理中的定位和作用》，载《征信》2015 年第 10 期，第 20 页。

纷进行了轻刑化改革，以匹配轻微刑事犯罪的刑事责任。我国近年来在“宽严相济刑事政策”的指导下，也一直在进行着轻刑化的努力。《刑法修正案（九）》明确地增加了禁止令作为一种非刑罚处罚措施。征信系统独特的作用方式，无疑非常符合轻刑化的要求。对于信用评级较低的公民，当其是消费者的时候，会有较高的风险产生不诚信交易，给经营者带来利益损失。而对于互联网创业者来说，由于规模小、资金少的特点，任何一笔不诚信交易都有可能危及公司企业的生存；而当其作为经营者时，同样会有较高风险进行不诚信经营行为，不仅危害消费者利益，也会给新兴产业带来混乱，有时很可能因为部分不诚信经营者的行为，就葬送了整个产业的发展前景。这个时候，征信系统就展示出其独特作用。通过预先对公民个人诚信进行评级，可以有效地甄别出风险点即诚信评级较低的个人。进而通过禁止令的方式对该类人群的经济活动进行一定的限制。例如，依据信用评级再对评级较差的人群进行风险评估，对短期内出现不诚信行为、危害较小的对象可以在短期内限制其进行在线交易和账户每日取现数额，对信用长期较差、风险评级较高的对象可以禁止其创办个人公司或企业。这样就能从源头上进行把关，为新兴产业保驾护航。这样的处分措施，既不会对责任人的人身造成危险，也可以很好地把责任人的损失限制在可控范围之内，符合罪责刑相符的原则和宽严相济刑事政策的要求。

在我国经济“新常态”的背景下，党和政府重新思考我国社会治理所应采取的立场和方式，大胆进行社会治理改革和创新。[①] 社会问题，特别是犯罪问题的治理必须从多方位入手、多种方式共同发挥作用。社会的治理主要依靠法律，但同时也绝对离不开道德。为此，党的第十八届四中全会特别指出，国家和社会治理需要法律和道德共同发挥作用。我国古代的先贤们早已认识到“徒法不足以自行”，提出了“礼法共治”的观点。我国从初期“一穷二白”的状态白手起家，通过自身的努力逐

① 参见石建勋：《中国经济新常态的演变逻辑分析及展望》，载《光明日报》2015年1月29日，第16版。

渐地发展壮大，虽然其中也经历了很多曲折与坎坷，高潮与低谷，但终究是以令世人惊叹的速度将我国的发展水平提高到了一个前所未有的高度。巨大和快速的变化不仅给世界带来了震撼，也给中国人民带来了阵痛。中国社会传统的道德体系在国际化和现代化的时代里遭受到了难以承受的冲击，人们价值观的转变与迷失让道德体系呈现崩塌的趋势。在西方文明的影响之下成长起来的新一代对传统中国文化的不认同感与日俱增，令人不得不为中国传统文化的未来而担忧。在这样的背景下，如果不对我国的道德体系进行重建，那么中华文明的灭亡就绝对不是危言耸听。因此，在我国全面推进依法治国的同时，必须加强对道德体系作用的重视，要在构建法治的同时重建道德规范体系，让“法治”与“德治”并驾齐驱，共同带领中华民族奔向更加美好与文明的时代。而在道德规范的体系中，“诚信”无疑是当今中国社会所最需要也是最缺乏的一种。看见跌倒老人“扶不扶”问题的出现和引发的讨论，足以引起“礼仪之邦”的“深刻反思，诚信缺失”乃至“道德崩塌”的论断绝不是杞人忧天。在这样严峻的状况下，党和政府提出要在社会治理中发挥道德的作用，重构中国社会“诚信”道德体系必是主要着力点。建立征信制度具有极强现实意义和需求。

美国和欧洲的失信惩戒机制都是在长期的实践中逐步形成的，对我国失信惩戒机制的建立有很高的借鉴意义。如果我们将具有这些特点的失信行为惩戒机制代入我国的失信行为刑事政策体系中来，我们可以发现这种失信行为惩戒机制简直完美地弥补了我国现有的失信行为刑事政策体系的缺陷：

首先，主体的多层次性体现的是这些失信惩戒机制并不仅仅依靠国家行政力量，而是让社会和公民个人充分地参与到失信行为反应体系中来，发挥社会主体在刑事政策体系中的作用。这一点正好针对我国失信行为刑事政策体系中社会主体参与不足的缺点。增加社会主体的参与是我国失信行为刑事政策体系的主要运动方向。

其次，手段的多样性体现了这些国家的失信行为刑事政策体系的变量的多样性，能够使用多种手段对失信行为进行惩治，说明这些国家建立了多种手段的反应网，而不是仅仅依靠刑事法。这一点也符合我国失信行为刑事政策体系的运动方向，构建由多种反应网组成的均衡结构。

最后，惩戒的合理性体现了这些失信惩戒机制的严厉程度合理，刑事处罚、行政处罚以及民事上的惩戒手段之间很好地衔接，严而不厉，同时重视对犯罪人和越轨行为人的再社会化。这一点也非常重要，惩戒手段和程度的合理性，可以为失信行为刑事政策体系中各种反应网划分彼此的界限和范围，防止刑事网的不合理扩张，导致刑事政策体系滑向专制国家模式。

综合上面的发现，我们可以得出一个结论，即我国构建完善的失信惩戒机制的过程等于我国失信行为刑事政策体系向理想模型运动的过程。在我们已经确定了刑事政策体系运动方向的前提下，系统地构建我国的失信惩戒机制就是我国失信行为刑事政策体系变量运动的最佳路径选择。结合我国的刑事政策体系与失信惩戒机制的具体构建，我们可以得出一个较为清晰的失信行为刑事政策体系脉络图（见图8）。

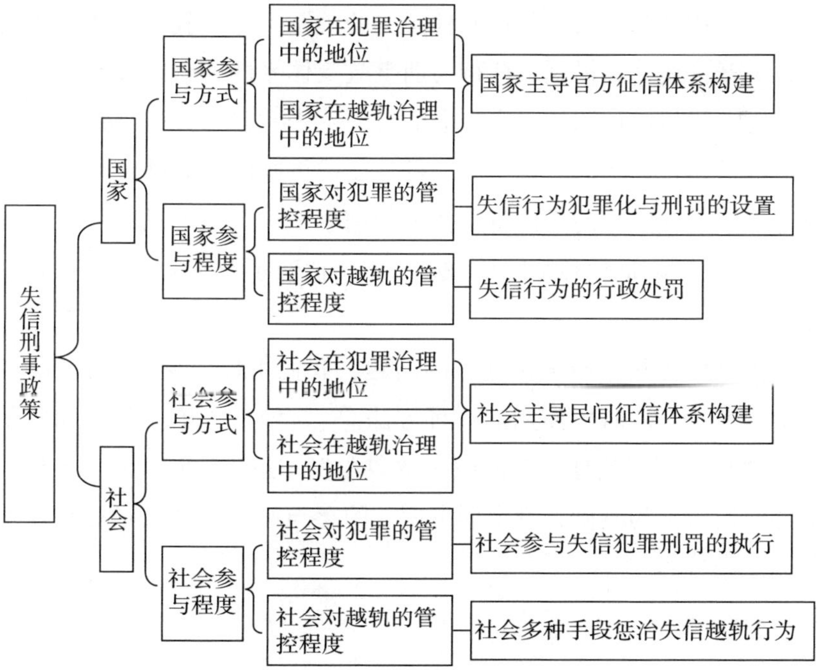

图8　失信行为刑事政策体系脉络

通过脉络图8，我们观察到最右侧是我国失信惩戒体系建设的具体内容，这些内容同时也是我国失信行为刑事政策的具体化与精细化。我国如果想要完成失信惩戒体系的建设，就需要制定和出台与之相对应的精细化刑事政策，换句话说，建设这些失信惩戒体系的具体内容的过程，同时也是我国失信惩戒刑事政策精细化的过程。从一个侧面印证了刑事政策精细化的必要性以及我国刑事政策精细化的紧迫性。

然而，有了具体的脉络图之后，并不意味着刑事政策体系的变量就会朝着我们想要的方向运动。因为前文中已经分析过，刑事政策体系变量的运动受到四种倾向的影响，刑事政策体系变量的运动方向由刑事政策体系与这四种倾向的联系程度决定。因此，如果不对刑事政策体系变量的运动进行方向上的引导，刑事政策体系有可能向我们选择的路径相反的方向运动。

前文已经系统和具体地论述了刑事政策变量运动与专制主义、法律至上、连带主义和社会控制这四种倾向的关系。这里我们直接使用结论而不再展开论述。具体到失信行为刑事政策体系的变量运动，我们的预设方向主要是想增加该体系中社会的参与范围和参与强度。而要保证这个目的能够实现，我们就要在失信行为惩戒机制的具体建设中严格限制专制主义倾向，主要的手段就是要限制刑事网和行政网的扩张、尽量扩大民事网，也就是要限制刑事法、加强非刑事化，提高民事手段的使用。

对于刑事化和非刑事化选择的问题，我们可以借鉴一个计算方法。这是法国刑法立法时所使用的一种方法。[①] 这种方法依据公正和效用原则，即“刑罚不能超越公正的效用的界限”。这一方法以与公正和效用有关的两组指标为基础，判定刑事途径的存与废，这两组指标在作用上也是相互衔接的。

---

① 参见［法］米海依尔·戴尔玛斯—马蒂：《刑事政策的主要体系》，卢建平译，法律出版社2000年版，第227～229页。

首先，要判定采用刑事化手段的必要性。因此要根据三个指标来界定犯罪，即违法行为、损害结果及侵犯客体。针对每一个指标，又规定了刑事网所要求的主观过错、社会谴责等概念相关联的一系列标准。由此形成了下面的评分表（见表2），对具体的行为进行评估，以此区分刑事犯罪与越轨行为。

表2　失信行为刑事政策常量评分

指标	标准	程度
违法行为	故意过错 疏忽大意的过错 客观过错	3 2 1
侵害客体	需要高度保护的价值（绝对或基本绝对） 民主社会所必须的限制或例外以外的权利与自由 社会生活纪律规则	3 2 1
损害	定量侵害大 定量侵害小 侵害的危险	3 2 1

其中，需高度保护的价值指的是宪法或国际公约中明确的需要绝对保护的价值，如人的尊严、国家主权等；权利与自由与绝对保护价值的区别是权利与自由可以被合法地限制，如人身自由、言论自由等；社会生活纪律一般指的是那些只针对特定人群或行为的规范，如工商登记、交通违章等。通过对每一个标准的评分，只有当一种行为的评分超过了一定分值（法国的标准是7分）时就会被认为是犯罪行为，评分在5分以下的行为则不能被视为犯罪行为。而对于评分在5～7分区间内的行为，需用第二套评分标准进行二次评价，以确定该行为应归属犯罪行为还是一般违法行为（见表3）。

表 3　失信行为刑事政策常量评分细化

指标	标准	程度
现有刑事制裁效率	没有刑事制裁 虽有刑事制裁但无效 有刑事制裁且有效	3 2 1
现有非刑事制裁效率	没有非刑事制裁 虽有非刑事制裁但无效 有非刑事制裁且有效	3 2 1
建议采取的制裁的有效性	对争议定性及处理的方法均充足 对争议定性方法充足但处理方法不足 对争议定性方法不足	3 2 1

综合两套评分标准对一个行为进行评定之后，基本上可以确定一个失信行为是否可以被视为刑事犯罪了。对于没有达到刑事化要求的行为，必须坚决地从刑事法网中剥除，从而保证刑事网不会随意扩大。

在确定非刑事化和刑事化的界限后，我们还要对那些没有进入刑事网或被从刑事网中分离出来的失信越轨行为进行评定，以确定使用行政网还是民事网。同样地，我们可以依照一系列的评定标准，对一个具体的失信越轨行为进行评测，根据评估结果进行选择（见表 4）。

表 4　失信行为刑事政策综合得分

指标	标准	程度	
		民事网	行政网
损害	已经造成损害 可能造成损害 没有个别化损害	3 2 1	1 2 3
侵害客体	私人利益 公共利益 行政利益	3 2 1	1 2 3
违犯或违法	不履行民事义务 某种作为 不遵守行政规则	3 2 1	1 2 3

每一指标对应的分值在民事网和行政网中呈相反状态排序，即在民事网中分值高的在行政网中分值低，反之亦然。根据这个评分标准，我们可以确定对一个失信越轨行为应该使用行政网还是民事网。

通过这一系列的评分，我们就能够对刑事网、行政网和民事网的势力范围划定一个界限，从而保证这些变量在运动的过程中不会出现向我们不希望的方向运动的现象。

当我们在精细化的刑事政策的支持下，构建了失信行为的变量，并将之引向我们预设的方向运动之后，我们就来到了失信行为刑事政策体系构建的最后一步：根据参量对刑事政策体系进行修正。

刑事政策体系的参量主要的作用是为刑事政策体系的构建提供一个参考，并在构建完成之后、具体的运行过程中对刑事政策体系进行修正。如果参量因素显示未来一段时间内失信犯罪的发生率可能会大幅度提升，那么就需要有针对性地强化刑事政策体系的反应力度。如果参量显示的结果是犯罪率可能会下降，那么就可以降低对失信行为的管控力度。

具体来说，我们还是要通过构建模型，模拟参量的数据（同时也是由于没有数据），观察失信行为刑事政策体系的参量因素对该刑事政策的作用。

例如，我们假设失信犯罪和失信越轨行为的犯罪率跟失业率、收入差距、GDP、应届毕业人数、国家货币政策以及其他若干因素之间呈正相关的关系，然后我们也已经通过对这些因素的观测，评估出这些因素的影响值，那么我们就可以得出下面的影响因素整体分布图（见图 9）。

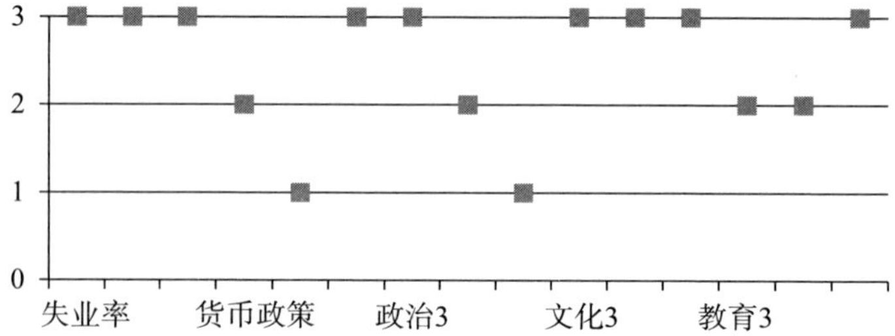

图9 社会影响因素模拟分布

通过观察评分为3（犯罪率提高概率大）的因素在整体分布表中所占的比率，我们能够直观地感受到，失信犯罪和失信越轨行为的发生率在未来一段时间内升高的可能性非常大。因此，我们就可以制定出具体应对的灵活刑事政策（见图10）。

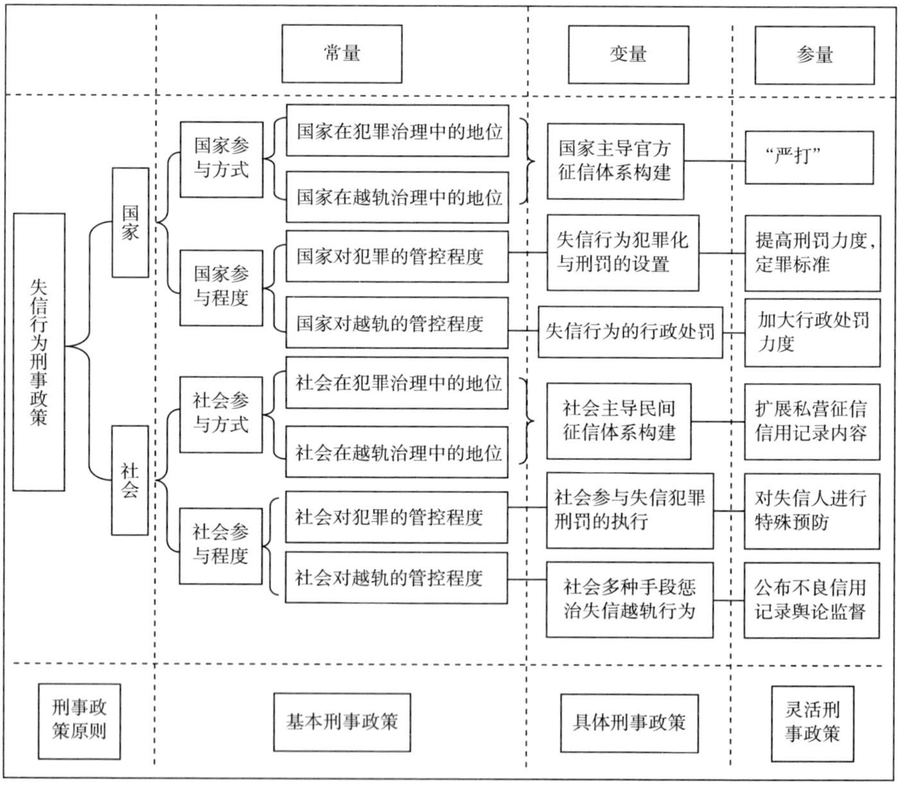

图10 失信行为刑事政策结构

在失信行为刑事政策体系中做出相应的调整：可以加大惩罚的力度，如提高罚金或者定罪标准；可以加强社会监督，定期公布公民信用指数，并对不良信用者进行跟踪调查等。

经过对常量、变量和参量三种因素的多重处理，就形成了上图中由根本刑事政策、基本刑事政策、具体刑事政策和灵活刑事政策组成的失信行为刑事政策体系，并通过这个体系将具体化和精细化的失信行为的刑事政策串联起来，形成制度化的失信行为反应体系。

第四章 “宽严相济刑事政策”之制度化

“宽严相济”刑事政策如今已经被确定为我国的基本刑事政策，在《刑法修正案（九）（草案）》中被明确表述为我国刑法的修订依据。这一切都说明“宽严相济”刑事政策的地位和作用已经达到了我国刑事政策历史上的最高水平。刑事政策地位的提高和确定，既表明我国刑事政策有了良好的发展和进步，又说明党和国家对刑事政策在犯罪治理中作用的认同和重视。为了建设社会主义法治国家，改变我国长久以来的“政策主导”的传统，党和国家做了很多尝试和努力，虽然没有明确提出“制度化”的命题，但事实上正在进行着一切将刑事政策制度化的工作。“宽严相济”刑事政策作为我国的基本刑事政策无疑是首要的。

一、“宽严相济刑事政策”制度化之现状

法律是一国最主要的正式制度，因此制度化最主要的表现方式就是法律化。“宽严相济”刑事政策在我国立法、司法和执法过程中都有很多体现，但最明

显也是最具影响的还是在立法方面的制度化成果。

（一）刑事政策的刑法化

1. 死刑政策制度化

现在，“宽严相济的刑事政策”已经获得了我国基本刑事政策的地位，虽然学界对于这样的定位还有争议，[①] 但不可否认的是“宽严相济的刑事政策”是我国至今为止影响最广、地位最高的刑事政策。无论是立法、司法还是执法，实体法抑或程序法，都受到该刑事政策的调整，这是前所未有的情况，反映出我国对刑事政策研究的重视及刑事政策研究的进步。

“宽严相济”中“宽”的一面非常契合现在废除死刑的国际趋势，也为我国进行死刑废除提供了刑事政策层面的支持和依据。近年来，我国的两部刑法修正案都对死刑罪名进行了削减，虽然集中于非暴力犯罪和很少被执行过死刑的罪名，但也能反映出立法调整的思路，即限制、减少死刑的适用。

我国自古以来就是“重刑主义”国家，但在我国文明史上也不乏闪耀人性光辉的刑罚变革，汉朝时缇萦上书促使奴隶制五刑向封建制五刑转变，可见两千多年前的古人就对残酷刑罚的负面影响有所认知。我国具有世界上持续时间最久的封建统治时代，死刑在我国有着很深的传统和文化上的认同，废除死刑可谓举步维艰。但是随着时代的进步和人类文明的发展，死刑已经在世界范围内被公认为是不文明和不人道的刑罚方式，与人类的发展与进步背道而驰，理应被彻底地废除和抛弃。然而，我国若想实现完全废除死刑的目标和理想，最首要的任务，就是改变我国的死刑文化，因为死刑文化是废除死刑道路上最大的绊脚石。一个国家和民族的文化是该国至关重要的非正式制度，对它的调整和改变必须通过制度建设、遵循科学的路径缓慢地进行，不能幻想一蹴而就，也不能悲观与绝望。“宽严相济的刑事政策”为死刑文化的改变提供了

---

① 参见孙万怀：《宽严相济刑事政策应回归为司法政策》，载《法学研究》2014 年第 4 期，第 175～180 页。

政策方面的支持和依据。具体而言，我国在“宽严相济的刑事政策”指导下，已经为废除死刑付出了诸多努力：

第一，削减死刑罪名数量。① 死刑罪名数量的多少可以最直观地反映出立法上对死刑以宽宥或严厉的政策为主，因而死刑罪名数量也成为死刑政策刑法化的主要方面之一。具体说，当死刑政策为严格限制死刑的政策，刑法典中的死刑罪名数量必然会有所减少；而当死刑政策调整为适当扩大死刑适用的政策时，刑法典中的死刑罪名数量也会随之增加。就中华人民共和国成立以来我国死刑立法看，死刑罪名数量大体经历了由少变多再变少的过程，而这与我国死刑政策的演变过程基本相符。

新中国成立初期，我国关于死刑的规定仅见于几个单行刑法，但审判实践中适用死刑的罪名，并不仅限于单行刑法中规定的死刑罪名，还包括故意杀人罪等罪名。直到 1979 年我国第一部刑法典的制定和颁布，死刑罪名的立法才开始走向正轨。1979 年《刑法》中规定死刑的条文共计 15 条，涉及 28 种具体犯罪，其中有 15 种死刑罪名属于反革命犯罪，8 种死刑罪名属于危害公共安全罪，3 种死刑罪名属于侵犯公民人身权利罪，2 种死刑罪名属于侵犯财产罪。整体来看，可以判处死刑的罪名共占刑法分则总罪名的 18%，而反革命罪就占了所有死刑罪名的 57%。可以看出，1979 年刑法典中死刑罪名的数量较少，而且当时的死刑主要是对付反革命犯罪的手段。这与我国当时少杀、慎杀的基本死刑政策密切相关，并基本体现了这一死刑政策。而且，1979 年刑法典并没有规定绝对死刑条款，而是将死刑作为一种可供选择的刑种。

此后十多年间，我国社会治安状况开始恶化，特别在经济领域和社会治安领域犯罪状况尤为令人担忧，国家先后对这两类犯罪进行了严厉打击。据统计，1981 年至 1997 年新刑法典通过前，全国人大常委会先后通过了 25 部单行刑法，其中 18 部规定有死刑罪名或对某些犯罪补充

① 参见马松建：《宽严相济视野下的死刑司法控制》，载《河南师范大学学报（哲学社会科学版）》2008 年第 3 期，第 126～130 页。

规定死刑。[①] 关于1997年刑法修订之前全国人大常委会通过特别刑法增设的死刑罪名究竟有多少种，学者们的统计结果并不一致，主要有44种、46种、47种、50种、53种等几种不同的观点。[②] 统计结果的不同与学者们统计罪名的依据有很大关系，在这里笔者不准备展开详细探讨。同时，这些单行刑法中也规定了不少绝对确定的死刑。例如，1988年《关于惩治贪污罪贿赂罪的补充规定》（现已失效）中规定，“个人贪污数额在5万元以上的，处10年以上有期徒刑或者无期徒刑，可以并处没收财产；情节特别严重的，处死刑，并处没收财产”。1991年全国人大常委会《关于严惩拐卖、绑架妇女、儿童的犯罪分子的决定》第1条规定的拐卖妇女、儿童罪，第2条规定的绑架妇女、儿童罪和绑架勒索罪等，也分别作了“情节特别严重的，处死刑，并处没收财产”之规定。此后，我国立法机关在1997年修订《刑法》时，将当时的71种死刑罪名减为68种，其中非暴力性犯罪占了近2/3的比例。与之前相比，虽然死刑罪名稍微有所减少，但主要是通过立法技术手段实现的，死刑罪名数量仍然过多，尤其是非暴力犯罪的死刑数量较多。在绝对死刑问题上，1997年《刑法》继续保留了绝对死刑条款，但涉及的罪名数量有所减少，共有7个罪名规定了绝对确定的法定刑，包括劫持航空器罪，绑架罪，拐卖妇女、儿童罪，暴动越狱罪和聚众持械劫狱罪，贪污罪，受贿罪。1997年《刑法》对死刑罪名数量及绝对死刑的这种规定，也是当时适当扩大死刑适用的死刑政策刑法化的结果。

此后直至2009年通过的《刑法修正案（七）》，死刑罪名一直保持不增不减的态势。《刑法修正案（三）》涉及死刑立法，但也未实质性地扩张或减少死刑罪名。2011年《刑法修正案（八）》一次性取消了走私

① 参见高铭暄、赵秉志：《中国刑法立法之演进》，法律出版社2007年版，第42页。

② 参见高铭暄：《〈刑法修正案（八）〉与中国死刑改革问题》，载赵秉志主编：《宽严相济刑事政策在死刑适用中的贯彻研究》，中国法制出版社2015年版，第42页；陈兴良：《死刑备忘录》，武汉大学出版社2006年版，第106页；上官丕亮：《宪法视野下死刑罪名的立法控制》，载《法学论坛》2014年第5期，第50～55页；胡云腾：《存与废——死刑基本理论研究》，中国检察出版社2000年版，第202页。

文物罪等 13 种经济性非暴力犯罪的死刑，极大地推动了我国死刑的立法改革。《刑法修正案（八）》通过后，我国立法上还保留有 55 种死刑罪名。不久之后，2015 年通过的《刑法修正案（九）》又对我国死刑制度进行了重要修改，并进一步减少死刑适用的罪名，取消了 9 种犯罪的死刑，具体包括走私武器、弹药罪、走私核材料罪、走私假币罪、伪造货币罪、集资诈骗罪、组织卖淫罪和强迫卖淫罪、阻碍执行军事职务罪和战时造谣惑众罪。至此，我国刑法典中还保留有 46 种死刑罪名。这两个刑法修正案成规模地减少死刑罪名，是我国当前严格限制死刑的死刑政策刑法化的结果。尤其是《关于〈中华人民共和国刑法修正案（九）（草案)〉的说明》中明确提出，我国一贯坚持的既保留死刑，又严格控制和慎重适用死刑的政策是减少死刑罪名的主要指导思想。[①] 此外，对于法条中极少数罪名中存在的绝对死刑规定，为了满足罪责刑相适应的原则和刑罚个别化的实现，《刑法修正案（九)》特别取消了绑架罪、贪污罪、受贿罪的绝对死刑，进一步体现了严格控制死刑的政策。

第二，严格控制死刑复核权。从古至今，死刑复核权是否从中央下放到地方一直都是反映死刑政策宽严的重要标志之一。死刑复核程序为一项颇具中国特色的特殊审判程序，当初制定此项政策本是希望通过此政策控制死刑的适用数量，但在实际运用中却起到了相反的效果。从逻辑上讲，若想严格限制死刑，那么拥有死刑复核权的主体越少越好，主体的地位越高越好，这样才能尽量降低死刑复核权滥用的可能性。从中华人民共和国成立后我国的立法看，死刑复核权屡次在统一收归中央和下放至高级人民法院之间来回调整，与当时死刑政策的影响有很大关系。

1954 年《人民法院组织法》（现已失效）规定，“中级人民法院和高级人民法院对于死刑案件的终审判决和裁定，如果当事人不服，可以

① 参见臧铁伟、李寿伟主编，全国人大常委会法制工作委员会刑法室编：《中华人民共和国刑法修正案（九）条文说明、立法理由及相关规定》，北京大学出版社 2016 年版，附录Ⅱ。

申请上一级人民法院复核。基层人民法院对于死刑案件的判决和中级人民法院对于死刑案件的判决和裁定，如果当事人不上诉、不申请复核，应当报请高级人民法院核准后执行”。这一规定表明，新中国成立之初的死刑复核权并没有完全收归最高人民法院。但是，1957 年第一届全国人民代表大会第四次会议作出《关于死刑案件由最高人民法院判决或者核准的决议》并规定，“今后一切死刑案件，都由最高人民法院判决或者核准”。这一决议将死刑核准权统一收归最高人民法院行使，从而实现了死刑核准权的第一次收归中央，也充分体现了当时的少杀、慎杀政策。此后，受到 1966 年“文化大革命”的影响，死刑复核程序受到冲击，死刑复核制度名存实亡，死刑核准权被下放给各省、自治区、直辖市革命委员会。直到 1979 年《刑法》的制定和颁布，才再一次明确了死刑复核权由最高人民法院统一行使。1979 年《刑法》规定，“死刑除依法由最高人民法院判决的以外，都应当由最高人民法院核准”。1979 年《刑法》制定之时的死刑政策是少杀和慎杀政策，可以说，在刑法典中将死刑复核权收归最高人民法院也是这一死刑政策刑法化的具体体现。

但是，不久之后，为了配合“严打”运动，我国死刑政策就发生了急剧变化，由控制死刑变为适当扩大死刑适用。而这一死刑政策刑法化的结果之一，就是全国人大常委会先后通过几个决定，在立法上不断扩大死刑复核权下放的范围，并最终将死刑复核权重新下放到高级人民法院。例如，全国人大常委会于 1980 年 2 月 12 日第十三次会议中作出决定，将杀人、抢劫、强奸、放火和其他严重危害社会治安的现行刑事犯罪的死刑复核权授予省、市、自治区高级人民法院行使；全国人大常委会又于 1981 年 6 月 10 日第十九次会议中作出《关于死刑案件核准问题的决定》，进一步明确将某些严重犯罪的死刑复核权授予高级人民法院行使。此后，死刑复核权的下放在立法上一直没有改变，直到 1996 年修改刑事诉讼法和 1997 年修改《刑法》，才重新改变了死刑复核权下放的格局。1996 年《刑事诉讼法》第 199 条规定，“死刑由最高人民法院核准”。1997 年《刑法》规定，“死刑除依法由最高人民法院判决的以外，都应当报请最高人民法院核准”。这一规定体现出了当时立法者在修改有关死刑规定时的犹豫、徘徊态度，也与修订刑法典之时的死刑政策有关系。在1997年《刑法》之前，我国的死刑政策已经调整为适当扩大死刑的适用，但立法者已经意识到之前死刑政策的弊端，开始考虑重新调整死刑政策，但又表现出一定的犹豫和徘徊，对死刑适用也只能是在一定程度上进行限制。在这种情况下，虽然1997年《刑法》中规定将死刑复核权收归最高人民法院，但在1997年《刑法》的修订刚完成不久，最高人民法院就通过司法解释，又将实践中的死刑复核权下放到高级人民法院。此后，一直到2006年10月第十届全国人大常委会通过《关于修改〈中华人民共和国人民法院组织法〉的决定》，决定修改《人民法院组织法》中的相关规定，并从2007年1月1日起，由最高人民法院统一行使死刑案件核准权，我国才终于结束了长达二十多年的死刑复核权下放的司法实践，重新将死刑复核权收归最高人民法院行使。

2. 未成年人犯罪政策制度化

儿童是国家的未来。放眼全世界，各国政府和国际社会都将未成年人的教育和培养工作作为头等大事。《联合国儿童权利公约》确立了为国际社会所普遍接受的“儿童最大利益原则”。该公约第3条第1款规定：“关于儿童的一切行动，不论是由公私社会福利机构、法院、行政当局或立法机构执行，均应以儿童的最大利益为一种首要考虑。”在该公约出台之后，对未成年人进行特殊保护就成了世界各国普遍接受的一项基本原则。我国关于未成年人的特殊保护和处遇的政策思想最初可见于1979年《关于提请全党重视解决青少年违法犯罪问题的报告》，报告强调对待未成年人犯罪要以教育为主的政策思想。这一政策思想延续了下来，并在1991年被以法律的形式进行了确立。1991年颁布的、后在2006年第十届全国人民代表大会常务委员会第二十五次会议上得到修订的《未成年人保护法》第54条明确规定对未成年人要实施教育、感化和挽救的方针，坚持以教育为主、惩罚为辅的原则；1999年出台的《预防未成年人犯罪法》里也坚持了这样的方针和原则。通过上述的一系列法律法规，“教育为主、惩罚为辅”作为一项专门的关于未成年人犯罪的刑事政策而确定下来，同时也是一项法律原则。如此一来，未成年人犯罪的刑事政策就兼具国家政策和法律原则的双重属性。理论上讲，未成年人犯罪的刑事政策具有如此的地位，理应在司法实践中受到高度的重视，但是事实并非如此。该项政策表述为“教育为主、惩罚为辅”，高度地原则和抽象，体现了其国家政策属性的一面；但如此一来也为司法实践上的应用带来了困难。具体而言，该刑事政策虽强调要对犯罪的未成年人进行特殊保护，但并未具体规定在定罪量刑时如何体现所谓的“特殊保护”。由于刑事法律一般是以成年人为样本进行设计和规定的，而未成年人犯罪的刑事政策又只有原则而无具体规定，因此造成在未成年人犯罪的案件中，定罪量刑仍然是以成人的标准和司法体系进行处理，无法体现未成年人与成人的区别。犯罪学的研究表明，因未成年人生理和心理的特性，在司法实践中需要将其与成人区别对待。如果承认这一事实，那么就必须要为未成年人设计和适用适合其心理和生理特质的实体法与程序法。只有在对未成年人进行特殊处遇的前提下，才有可能达成“教育、感化和挽救”的目标。我国有学者提出，要在宽严相济的刑事政策的指导之下，完善对未成年人处遇的政策，如表5所示：

表5 未成年犯罪人与成年犯罪人处遇政策对比

处遇政策 犯罪人类型	未成年犯罪人	成年犯罪人
刑事政策	宽严相济、以宽为先	宽严相济、宽严适中
定罪范围	有限	全部
刑事责任	不完全	完全
刑罚程度	减弱	标准
干预手段	以刑罚为辅，亟须制度创新	以刑罚为主，适度创新
处理机制	专门化机制与程序	标准机制与程序

表5中虽将“刑事政策”与“定罪范围”“刑事责任”“刑罚程度”“干预手段”“处理机制”等名词相并列，但事实上都属于未成人犯罪刑

事政策的具体化内容，正是对未成年人犯罪的刑事政策的精细化。这些精细化的提议是立法与司法实务在长期的实践中对问题的总结，也是犯罪学研究的要求，更是未成年人的生理和心理特质的客观要求。以往未成年人犯罪刑事政策的过于原则性，导致在司法实践中无法理清和分辨该原则在与其他政策相交叉时的适用规则。在这样的刑事政策指导之下的立法也面临同样的问题。在《刑法修正案（八）》之前的《刑法》中，有关未成年人的量刑处遇只在第 17 条作了原则性的规定：“已满十四周岁不满十八周岁的人犯罪，应当从轻或者减轻处罚。”虽然这一条原则性的规定是对未成年人犯罪刑事政策“教育为主、惩罚为辅”的坚持和体现，但是量刑工作所考虑的元素众多，而在我国《刑法》(《刑法修正案（八)》之前）的第三章“刑罚”以及第四章“刑罚的具体运用”中除了“未成年人不适用死刑外”没有一条针对未成人的刑罚处遇进行了规定。因此，对于刑法中的多种刑罚以及多种刑罚制度如何体现出对未成人的“教育为主、惩罚为辅”，就只能是法官在具体量刑时根据第 17 条那一句原则性的规定自己掌握了。然而，法官在司法实践中也十分为难，即使有意对未成年人从宽处理，却苦于无法可依而畏首畏尾。无法做到区别对待就无法进行特殊保护。后来随着宽严相济刑事政策的上位，以及刑事政策整体地位的提升，立法者终于认识到了这个问题，进而在刑法中对未成年人的处遇进行全面的特别化，同时等于是将未成年人犯罪的刑事政策进行了精细化。于是在 2010 年颁布的《刑法修正案（八)》之中，有大量的对未成年人犯罪刑事政策精细化的内容。

通过对《刑法修正案（八)》中有关未成年人犯罪的相关改动的分析，我们可以发现，刑法总则中新增了针对未成年人犯罪的量刑规则和刑罚制度适用规则：

(1)《刑法修正案（八)》第 6 条就对累犯制度进行了补充修改，修改后的累犯制度将未成年人排除出构成主体的范围，明确了未成年人不能构成累犯（但依然可以构成特殊累犯和毒品“累犯”)。这样的特殊化规定被确立之后，就能够非常明确和清晰地体现出在刑罚制度上对未成年人的特殊处遇。未成年人不再构成累犯，在刑罚上就不会因此而受到加重的处罚，如此才能体现对未成年人“教育为主、惩罚为辅”的原则。

（2）《刑法修正案（八）》第11条放宽了对未成年人的缓刑适用。如果被告人是成年人，那么在其满足缓刑条件时，法律规定法官“可以”对其适用缓刑，其中含义是法官还拥有最终裁量权，也可以不适用缓刑。然而对于未成年的被告人，如果满足了法定的缓刑条件，法律规定“应当”适用缓刑，即法官必须适用缓刑。从这点可以体现出法律对未成年人的特别优待。显示出法律考虑到未成年人在成长过程中不易离开生活环境和家庭，展现了法律中的人性关怀。

（3）《刑法修正案（八）》第19条免除犯罪时不满18周岁被判处5年有期徒刑以下刑罚的人的前科报告义务。一般而言，未成年人都尚处于身体和心理的成长期，虽然有了一定的自我意识和自我控制能力，但自我意识和自我控制能力尚未达到完全成熟的地步。因此，如果一名未成年人在犯罪之后，从此就要背负“罪犯”的标签生活，对其成长是极为不利的。所以，法律特别免除了未成年人在犯被判处5年有期徒刑以下刑罚时的前科报告义务。这样此类未成年犯罪人在生活中就不会因此而受到不公正的待遇，有助于其重新回归社会和健康成长。

经过这些将政策转化为具体制度的努力，一整套紧紧围绕未成年人犯罪的法律制度逐步形成。这样的制度化成果，无论对于我国“宽严相济的刑事政策”的贯彻实施，还是对未成年人犯罪的教育与惩戒，都是极其必要和重要的。

（二）犯罪分层

1. 犯罪分层的意义

“宽严相济的刑事政策”是我国的基本刑事政策。对于该政策的基本解读，就是“当宽则宽，当严则严，宽严相济”。这样的一种平衡的思想，与我国传统文化中的“中庸”关系密切。同时，与国际上主流的“轻轻重重”的两极化刑事政策也有类似的地方。但是，如果仔细对比“宽严相济”刑事政策和“轻轻重重”刑事政策，就会发现二者有明显的不同。“宽严相济”虽然强调宽和严的和谐统一，但是由于我国并没有对何是轻罪和重罪作出明确规定，因此在实践中该如何把握“当宽则宽，当严则严”就成了一个难题。而国外“轻轻重重”的刑事政策则建立在明确的犯罪分层制度之上，对于什么样的罪该从轻，什么样的最该从重划定了清晰的范围。所以，比较之后我们就会发现，我国的刑事政策缺少科学的论证和相关制度的支撑，这样的政策在实践过程中难免会出现偏差，极大地影响了实际使用效果，也难以满足我国治理日益严峻的犯罪状况的需求。

对于饱受争议的“严打”刑事政策，犯罪分层可以为其提供正当化的依据，让其重新找到用武之地。如果建立了犯罪分层制度，那么基于“宽严相济”的要求，对重罪进行从重打击就具备了合理性与合法性，“严打”政策也更加具备科学性，成为宽严相济刑事政策的一个组成部分。

同时，建立犯罪分层制度之后，通过明确轻罪、重罪，就可以对司法资源进行优化配置，将最优势的资源投入最急需的地方去。对于重罪就集中力量从严打击，而对于轻罪则可以采用较为宽松和轻缓的政策进行处理。对于司法资源极其有限的我国来讲，犯罪分层制度更具现实意义。

而且，给不同的罪行配置与其相适应的刑罚，有利于保障人权。我国自古就是一个重刑主义国家，至今我国刑法中的刑罚仍十分严厉。刑罚越严重，对公民的危险就越大。如果不对各种罪名进行不同层次的区分，很有可能对犯罪人造成超过其责任程度的处罚，不利于人权的保护。

对于我国的司法量刑工作来说，虽然要在最大程度上保持司法统一，但是并不意味着就要完全地剥夺法官的能动性。而且从现实的角度分析，具体的案件之间即便非常类似但也不可能完全一致。因此，案情类似的案件的判决仍然应该具有一定差异性，这也是司法公正的体现。所以对于法官的量刑工作来说，需要赋予法官一定的自由裁量权，来保证法官可以在司法实践中根据案件的不同发挥自己的能动性，保证量刑制度的开放性。因此，我国法官在具体的定罪量刑工作中，不仅要以刑法条文中明确规定的刑罚为量刑准绳，同时也要参考一些没有被明确规定的量刑情节，视为酌定量刑情节。通过“刚性的”法定量刑与“弹性的”酌定量刑的共同作用，法官才能够在法律规定与自我裁量之间寻找一个合适的平衡点。

2. 犯罪分层的尝试

我国自古以来就是一个典型的重刑主义国家，即使在新中国成立以后，我国刑法依然奉行重刑主义，规定在刑法中的罪名都是较为严重的违法犯罪行为，相应地，刑罚配置上也都较为严厉。犯罪分层就是要明确地区分轻、重犯罪，并配置相应的刑罚与程序。这首先要求在立法上将轻罪或微罪纳入刑法典，才能构建层次分明的犯罪层级。特别是随着劳教制度的废除，我国面临着行政处罚与刑罚衔接的问题。行政处罚囿于其自身的局限性，应限制其适用范围。对于轻微的违法行为，犯罪化也许才是出路。

在《刑法修正案（九）》实施之前，我国刑法中只有危险驾驶罪可以被称为微罪罪名。以其为标志，我国刑法正式开启了犯罪分层的进程。然而新兴事物的发展不可能是一帆风顺的。《刑法修正案（八）》在起草之初，立法者们就对是否应当增设危险驾驶罪展开了争论。而在该修正案正式实施之后，实务部门与学界又对危险驾驶罪的处罚范围、刑罚适用等产生了争议，一时间百家争鸣、好不热闹，危险驾驶罪的认定和处罚成为司法实践部门颇为头痛的一件难事。最后为了统一该罪名的适用，最高人民法院、最高人民检察院和公安部于 2013 年 12 月 18 日联合发布了《关于办理醉酒驾驶机动车刑事案件适用法律若干问题的意见》，对危险驾驶罪的适用进行规范指导。危险驾驶罪投入使用 5 年之后，根据实证调查分析，危险驾驶罪案件的拘役刑期均值和中位数均明显低于法定刑中线 3.5 个月，罚金数额基本稳定，绝大多数案件的罚金数额均在 10,000 元以下，适用缓刑的比例超过 40%，远远高于我国缓刑适用的平均水平。就总体情况而言，危险驾驶罪的适用呈现量刑轻缓且较为稳定的特点，起到了非常好的刑事政策效果与社会效果。虽然该罪名还存在量刑不均衡等问题，但不容否认的是该罪名所带来的正面效果，证明微罪入罪的可行性，以及犯罪分层的积极意义。

犯罪分层不仅意味着区分微罪、轻罪和重罪，也包括在同一罪名中根据犯罪情节的轻重划分微、轻、重罪，并配以不同的刑罚，以体现罪责刑相适应原则。对此，我国《刑法修正案（九）》就对轻重犯罪及其刑罚的分层配置进行了创新尝试。《刑法》第383条对贪污贿赂犯罪处罚规定的修订，其中的第3款规定首次将酌定量刑情节引入刑法条文中，并据此对轻、重情节的贪污受贿犯罪配置不同的刑罚，体现了刑法区分轻、重犯罪并建立分层刑罚的尝试。

对于酌定量刑情节概念学界众说纷纭，莫衷一是，在此不一一列举。学界对于酌定量刑情节的概念认识无法统一，只能在一些司法解释中找到相关规定。例如，2014年1月1日起正式施行的最高人民法院《关于常见犯罪的量刑指导意见》（现已失效）（以下简称《量刑指导意见》）中，特别以列举的方式明确了7种量刑情节为酌定量刑情节，分别是：当庭自愿认罪，退赃、退赔，积极赔偿被害人经济损失，取得被害人或其亲属谅解，前科劣迹，犯罪对象为弱势人员，以及在重大自然灾害、预防、控制突发传染病疫情等灾害期间犯罪。《量刑指导意见》用列举的方式说明了哪些情节属于酌定量刑情节，但对于酌定量刑情节的概念却选择了回避。由于我国刑法采用的定性+定量的模式，通过对我国刑法分则中各个罪名的量刑情节的规定的比较，就能得到我国立法者对各类犯罪行为的社会危害性的认知。从常理来说，规定的犯罪法定刑越高，意味着这类行为所表现出来的社会危害性越高；同时也反映出我国刑法对于这种犯罪行为管控的程度，法定刑越高，也代表着国家对这种行为的重视，管控也更为严格。我国司法活动中的量刑情节以刑法对量刑情节内容有无明文规定为标准，可分为法定量刑情节和酌定量刑情节。酌定量刑情节一个显著特征就是没有被写进刑法之中，这样的特点意味着酌定量刑并不在刑事网之中，不属于刑事政策体系变量的范畴。因此酌定量刑情节只能属于刑事政策体系的参量，即在具体刑事政策的制定和执行过程中起到参考作用的因素。与法定量刑情节相比，酌定量刑情节似乎只是量刑工作中的配角。但是酌定量刑情节对于实现量刑之公正合理价值的作用也不容忽视。因为成文法“结晶化”的特点，实践中必然会有很多情况是法条没有作出明确规定的。一起刑事案件可能没有法定量刑情节，但一般不可能没有酌定量刑情节，酌定量刑情节较之法定量刑情节更加具有普遍性。这也正是我们前文中已经进行过论述的，刑事政策体系变量的重要性。随着刑罚理论的发展与实务界需求的变化，特别是推行宽严相济刑事政策以来，酌定量刑情节在量刑中发挥着日渐重要的作用。这是由于我国刑事立法相对粗疏，特别是相较于发达国家刑法，我国刑法对法定量刑情节规定较为简单，不能适应新形势的需要。对于司法实践而言，自由裁量权是必不可少的，不仅因为立法的滞后性，还因为每一个具体案件都有其独特性，需要具体问题具体分析。如果全部“一刀切”，不利于司法统一和实质公正的实现。

在立法之外同时允许酌定量刑情节的存在，并在司法中加以适用，对于实现司法工作的统一性和个别化要求大有裨益。然而，由于酌定量刑情节的“酌定”特色，也给此类情节的适用带来了限制。以往人们普遍认为，既然是“酌定”的情节，那么就不应该对这类情节的适用作出太多的规定，应该交由法官在具体实践中灵活掌握。所以，酌定量刑情节法定化的命题就几乎成为无人问津的冷门话题。[①] 但是对于酌定量刑情节又必须进行规范适用。一般认为，酌定量刑情节与法定量刑情节的差别就在于是否有法律的明文规定，非法定性是酌定量刑情节的一大特征。

我国司法实践中的通常做法是，保持酌定量刑情节的非法定化特征，在需要的时候由司法解释对酌定量刑情节的适用进行规范的指导。但是《刑法修正案（九）》中的一项改动打破了这种状况。

《刑法修正案（九）》对《刑法》第 383 条进行了较大的改动，首先是变以往的“唯数额论”的量刑模式为“情节 + 数额”的二元结构，同时将原条文中第 1 款第 3 项中规定的“个人贪污数额在五千元以上不

---

① 参见许美：《酌定量刑情节规范适用研究》，华东政法大学 2014 年博士学位论文。

满一万元，犯罪后有悔改表现、积极退赃的可以减轻或免予刑事处罚”的情节加以修改扩充后单独规定为一款，并增加了“终身监禁”的规定。新条文中的第3款规定：“犯第一款罪，在提起公诉前如实供述自己罪行、真诚悔罪、积极退赃，避免、减少损害结果的发生，有第一项规定情形的，可以从轻、减轻或者免除处罚；有第二项、第三项规定情形的，可以从轻处罚。”此款规定是在继承原条文第1款第3项规定中从轻、减轻或免除处罚情节的基础上所进行的扩充和细化，体现了我国刑事政策在这一罪名上治理理念的变化过程。修改前的第383条第1款第3项中就有类似规定，“……个人贪污数额在五千元以上不满一万元，犯罪后有悔改表现、积极退赃的，可以减轻处罚或者免予刑事处罚……”而对贪污罪处罚中某些情形给予宽大处理的规定，最早可见于1988年全国人大常委会专门制定的《关于惩治贪污罪贿赂罪的补充规定》，该规定细化了对贪污贿赂犯罪定罪量刑的数额标准，以弥补1979年《刑法》第155条没有规定具体数额、不利于司法操作和适用的缺陷。该补充规定第2条强调：“对犯贪污罪的，根据情节轻重，分别依照下列规定处罚……（3）……个人贪污数额在2000元以上不满5000元，犯罪后自首、立功或者有悔改表现、积极退赃的，可以减轻处罚，或者免予刑事处罚，由其所在单位或者上级主管机关给予行政处分。”由此可见，上述《关于惩治贪污罪贿赂罪的补充规定》（现已失效）中的规定即为后来1997年《刑法》第383条相关规定之蓝本。那么，立法者作出如此规定究竟是出于何种考虑呢？通过查阅当时的立法文件和相关参考文献，可以发现当时立法者的思路。由于1979年《刑法》第155条的规定过于原则，“对贪污罪的量刑标准，没有具体数额规定，各地感到不好掌握”。对司法实践机关而言操作难度太大，且不利于法律的统一性的实现，因而“根据几年来的审判实践经验，草案按照贪污的不同数额分别规定了不同的量刑标准”。这就有了1988年的《关于惩治贪污罪贿赂罪的补充规定》（现已失效），并从此确立了以数额为定罪量刑标准的立法模式。但是如此一来又产生了另一个问题，在立法中明确规定数额并以此为量刑标准，固然有利于司法实践的操作，但是仅以数额论又具有很大的片面性，无法全面反映具体案件的社会危害性，更无法反映被告人的主观恶性与人身危险性等的差异，难以根据案件的不同情况做到罪责刑相适应；量刑不统一，亦影响刑法分则个罪之间罪刑设置的体系协调，难以让公众在贪污受贿案件的司法审判过程中感受到公平正义，不利于刑罚对贪污受贿犯罪预防作用的发挥。因此，为了弥补量刑标准过于刚性的弊端，立法者又在以数额为标准的定罪量刑条款中，特别列举了若干针对特定层次的贪污贿赂犯罪从轻、减轻或免除处罚的酌定量刑情节，赋予法官一些自由裁量权，以增加量刑标准的弹性与空间。这正符合酌定量刑情节的特点，是立法者为了弥补成文法的先天缺陷，特意作出了弹性的、灵活的规定。分析到此，不难看出，之所以要在《刑法》第 383 条这一分则条款中明文规定若干总则未予规定的量刑情节（如悔改表现、积极退赃等），根本原因在于当时的立法对于贪污贿赂犯罪的量刑标准的模式选择上存在问题。1979 年《刑法》中的规定过于原则和弹性，而后来的《关于惩治贪污罪贿赂罪的补充规定》却又过于具体和刚性，不得已才将酌定量刑情节加入分则条款中，以调和过于刚性的量刑标准与司法实践中法官对于具体案件进行自由裁量的需求之间的紧张关系，避免出现从一个极端走向另一个极端。

随着法治进程的不断推进，社会主义法治也日渐完善，表现在刑事法领域，就是立法由粗疏转向精细，刑事法网逐渐扩大的同时刑罚严厉性趋于下降，诉讼制度也由简单变得复杂，原先以定罪为核心的审判程序现在呈现定罪与量刑并重的格局。量刑规范化改革的任务就是在现行刑罚制度比较粗放、法定刑幅度较大的情况下，让法官的量刑越来越公正和精细，以实现司法的公平正义；同时将量刑纳入法庭审理程序，更加突出量刑程序，增加量刑的公开性和透明度。相对于作为犯罪构成要件和量刑法定基础的犯罪事实、性质和社会危害，以及数额等确定量刑标准的相对弱化，量刑情节对刑罚自由裁量的影响将更加重要，因而也将更加受到立法和司法的关注。《刑法修正案（九）》关于第 383 条第 3 款的修改已然反映出立法者将酌定量刑情节升格的意愿，由此导致的一个问题是，已经被《刑法》（总则或分则）明文规定为量刑情节的“酌定情节”(诸如真诚悔罪、积极退赃、减少或避免损害结果发生)的，是否就理所当然地升格为“法定情节”?相对于自首、立功、累犯等“老法定情节”，新增加的是否应该称为“新法定情节”?是否还应该继续细分为“法定的法定情节”与“法定的酌定情节”，或者“总则规定的法定情节”与“分则规定的法定情节”?考虑到未来法定情节仍有继续扩大的趋势，为了避免情节类型或种类无谓的复杂化，建议对量刑情节进行分层化改造，总体思路是在立法上分为应当型(如未成年人、从犯、累犯等)、可以型(如未遂犯、自首、立功)和其他量刑应该考虑的因素(不在法定量刑情节范围但量刑通常须加以考虑的，如犯罪手段方法对象、犯罪时间地点与环境、犯罪动机、犯罪人的一贯表现、犯罪人与被害人之间关系等)三类。当然，这不妨碍刑法理论上继续关于定罪情节与量刑情节，罪前情节、罪中情节与罪后情节，从宽情节与从重情节，从宽情节中的从轻情节、减轻情节与免除情节等的细分研究。[①]

(三)程序分层

刑事政策对所有刑事法律发挥指导作用，不仅包括刑事实体法，同样包括刑事程序法律。在建立了犯罪分层制度的前提下，程序分层就显得极为必要。对于不同层级的犯罪，由于犯罪的严重程度之间的区别，国家和法律可以选择区别对待。比如，对于微罪和轻罪，由于犯罪人罪行轻缓，人身危险度低，而且法律规定的刑罚也相对轻缓，那么法律就可以适用更加简单和快捷的程序进行审理。这样一来可以节省司法资源，二来可以加快刑事司法程序，及早地结束案件审理，对犯罪人来说也是有利的。对于重罪，因为犯罪人危险程度高，可能判处的刑罚也更为严重，法律必须慎重对待，以免出现错误。

同时，根据制度有效性的理论，有效的制度还应该尽可能简单。在19世纪，许多国家中的大规模司法改革简化了法律规则，目的是要使服从规则更容易，更便宜，并减少法律运作的成本。但是后来法律又被变

---

① 参见卢建平、朱贺:《酌定量刑情节法定化的路径选择与评析——以我国〈刑法〉第383条第3款为例》，载《政治与法律》2016年第3期，第7页。

得复杂起来，因为社会本身是日益复杂的。但是认识论和法理学正日益证明，复杂的规则在具体实践的过程中很难发挥预想的效果，甚至完全不起作用，因为规则越复杂，对人们的认知水平的要求也越高，当这种要求高到一定程度时，人们为了适应这种规则所需要付出的代价会超过他们从中得到的利益，此时就不会再有人愿意去适应新规则了。

无论从成本与收益的衡量考虑，还是便于公民掌握和运用制度而言，制度都应当尽可能简便。我国人口众多，面对繁重的工作，我国的司法资源严重不足。当效率低下时，质量必然也无法保障。从我国的司法实践来看，我国应大力推进速裁程序的改造。

在社会发展的过程中，由于犯罪数量的大幅增长，以及刑事案件侦破难度的加大，各国刑事诉讼都面临着司法资源严重不足的问题。为缓解这一状况，许多国家纷纷设立了简易程序或其他速决程序，并将大多数刑事案件置于其中加以解决。尽管我国与这些国家之间在犯罪圈的划定、制裁模式的设定方面存在较大的区别，但各国对诉讼程序效率目标的追求却是一致的。特别是在微罪脱离轻罪而成为一种独立的犯罪类型之后，随着微罪案件数量逐渐增多，并全部涌入司法程序之中，为之设置特殊的快速处理程序，将之从普通案件的诉讼程序中解脱出来，是应对刑事案件数量激增的重要方法，更与犯罪分层的本质要求相符合，是我国未来刑事法治发展的必然趋势。当然，在强调程序效率的同时，同样应当保证公平与正义等价值的实现，效率与公正并不存在逻辑上的矛盾。应当明确，在刑事诉讼程序之中，公正是刑事诉讼的目的，而效率则是达到目的的手段，秉持“公正优先，兼顾效率”的基本原则是二者的关系协调之本。

为了实现刑事诉讼程序的简化，实现犯罪分层与程序分层的衔接与配合，我国已经大力开展和实验认罪认罚从宽制度。我国长期奉行“坦白从宽”的刑事政策集中体现了认罪认罚从宽的精神，但缺乏一个高度概括、内涵严谨、外延清晰的认罪认罚从宽制度的总体概念，并以此为核心指导刑事立法的完善和刑事司法的实践。同时，以往体现认罪认罚从宽精神的具体制度或具体规定呈现“重实体轻程序”的偏向，表现为实体法上规定得比较多，程序法上规定得比较少。

刑事简易程序是在审理程序上进行了简化，但在侦查和审查起诉环节，同普通程序案件相比并无较大力度的简化，因此，一种比简易程序更加简化的诉讼程序——刑事速裁程序应运而生。在劳动教养制度废除之后，我国刑事诉讼程序对于由劳动教养分流而来的新增轻微刑事案件消化能力有限，案多人少矛盾更加凸显。基于此，2014 年，全国人大常委会授权最高司法机关在全国部分地区开展刑事速裁程序试点。刑事速裁程序适用一年多来，“检察机关平均审查起诉周期由 20 日缩短为 5.7 日，由于速裁程序的应用，人民法院审结案件周期亦大幅提升”；[①] 而从办案效果来看，刑事速裁程序有力地促使了被告人认罪认罚，截至 2015 年年底，“（刑事速裁案件）附带民事诉讼原告人上诉率为 0，被告人上诉率为 2.13%，检察机关抗诉的只有 1 件”。[②] 而在理论上，刑事速裁程序也被寄予厚望。有学者指出：“刑事速裁程序的探索必将进一步推动我国刑事诉讼程序的简易化和多样化，并逐步形成一套可根据犯罪案件性质进行选择适用的差级化程序格局。”[③]

“刑事案件速裁程序是对轻微刑事案件快办机制新的延伸。”[④] 从适用条件来看，速裁程序主要适用于微罪案件，且以犯罪嫌疑人自愿认罪、接受适用速裁程序为必要；从最终的判决结果来看，接受速裁程序的被告人多被判处管制、拘役或者短期自由刑。而从整个刑事速裁程序的制度设计来看，其基本导向是在保证案件质量和犯罪嫌疑人、被告人合法权益的基础上，尽可能简化程序，加速案件办理，而在此基础上控辩双方均让渡一部分利益，最终实现各方利益最大化。可以说，刑事速

---

① 参见《最高人民法院、最高人民检察院关于刑事案件速裁程序试点情况的中期报告》，载中国人大网，http://www.npc.gov.cn/npc/xinwen/2015-11/03/content_1949929.htm。

② 参见最高人民法院刑一庭课题组、沈亮：《关于刑事案件速裁程序试点若干问题的思考》，载《法律适用》2016 年第 4 期，第 18～22 页。

③ 参见甄贞、熊秋红等：《刑事案件速裁程序的试点探索与理论建构》，载《人民检察》2015 年第 19 期，第 41～45 页。

④ 参见刘玫、鲁杨：《我国刑事诉讼简易程序再思考》，载《法学杂志》2015 年第 11 期，第11～14 页。

裁程序是认罪认罚从宽处罚制度的一个重要体现，该程序不是拘泥在"模式下进行精细化的程序设计，也非简单扩大简易程序的适用范围、更不是单纯压缩审判周期，而是以'认罪认罚'为基础的新型司法资源配置方式"。① "快是刑事速裁量刑观在时间维度的价值取向"，② 而为了实现"快"，则需要对诉讼程序进行必要的简化。

在传统的刑事诉讼模式之下，无论刑事案件案情多么清晰，也需要在多个刑事司法机关、部门之间流转，且流转的手续多、耗时长。例如，有统计显示，在危险驾驶等轻微刑事案件中，"70% 以上的时间消耗于案件在各机关内部及各机关之间的流转（含在途时间、等候时间、反复时间）"③。但这些流转程序所保证的只是案卷材料流转的规范和安全，和最终的案件质量关联不大；而大幅压缩案件流转时间，不仅能让诉讼活动紧凑，还可以让承办人尽早启动审查证据、讯问犯罪嫌疑人等和案件处理结论有实质意义的诉讼活动，增强诉讼活动的时间效益。在压缩案件流转时间的方式上，各地做法有别。例如，北京市海淀区公检法三机关在区看守所内设置三机关专门的速裁办公室和速裁专用法庭，从而大幅缩短了案件流转的空间和时间距离，实现当日发卷、当日立案、当日承办人受理案件的一日流转。④ 又如，上海市普陀区政法机关在案件补正、价格鉴定等方面，为速裁程序开设"绿色通道"，优先办理，减少了案件的流转时间。⑤ 当然，压缩流转时间是指压缩和办案本

---

① 参见北京市海淀区人民法院课题组等：《关于北京海淀全流程刑事案件速裁程序试点的调研——以认罪认罚为基础的资源配置模式》，载《法律适用》2016 年第 4 期，第 33 ~ 35 页。

② 参见叶圣彬：《论刑事速裁量刑观——从"认罪认罚"到"从快从宽"的内在逻辑》，载《法律适用》2016 年第 6 期，第 38 ~ 40 页。

③ 北京市海淀区人民法院课题组等：《关于北京海淀全流程刑事案件速裁程序试点的调研——以认罪认罚为基础的资源配置模式》，载《法律适用》2016 年第 4 期，第 34 ~ 36 页。

④ 参见刘惠、胡志强、李刚：《刑事速裁程序实证研究与模式探讨——以"海淀模式"为视角展开》，载中国人民大学刑事法律科学研究中心等：《"惩治轻微犯罪的中国实践与域外经验"研讨会论文集》，2015 年 11 月印，第 37 页。

⑤ 参见徐海泉、孙丽婷：《上海市普陀区人民检察院刑事速裁程序试点工作情况》，载中国人民大学刑事法律科学研究中心等：《"惩治轻微犯罪的中国实践与域外经验"研讨会论文集》，2015 年 11 月印，第 78 页。

身无直接关联的时间，而非一味压缩办案时间，否则在速裁程序总体办案时间较短的情况下，极可能因办案时间无法保证而影响办案质量。对此，一些地区的速裁规范性文件也有所体现。例如，《深圳市刑事案件速裁程序办理规定》即规定在检察环节收案和送案都由案件管理部门负责，且应当在收案当天将案件移送给公诉部门，以给公诉部门留出尽可能宽裕的办案时间。①

案件流转时间的压缩，实际是为了增强刑事诉讼中不同机关、不同部门之间的协同，避免诉讼拖延；而提高个案办理效率，则是要求具体的办案部门、办案人员结合刑事速裁案件的特点，在保证案件质量的情况下，简化办案步骤和办案流程。从各地实践情况来看，这种为了提高个案办理效率而进行的制度优化和程序简化包括：一是建立专业化的办案组织。结合刑事速裁案件的办案特点，一些司法机关建立了专业化的办案组织，从而使开展刑事速裁程序的经验得以固化，通过专业化办案组织的熟练工作，来提高办案效率。例如，北京市丰台区公检法机关都分别设置了专门的速裁办案组织，或者固定了办理刑事速裁案件的专人，形成了“由公安机关专职法制阅卷组进行预审，由检察院专职办案部门审查起诉，由法院专职审判员进行集中审理判决的流水线化作业”。② 二是简化审结报告制作。有的地区根据案件的不同情况制作证据审查表，承办人无须摘录证据，只需根据案件情况在相应的证据上打勾，并填写需要证明的事项；③ 而有的地区则更进一步，在起诉书审批

① 参见张孟东：《刑事案件速裁程序的现实境状及完善建议——以深圳市检察系统试点工作为视角》，载中国人民大学刑事法律科学研究中心等：《“惩治轻微犯罪的中国实践与域外经验”研讨会论文集》，2015 年 11 月印，第 84 页。

② 参见崔巍、李忆南：《刑事案件速裁程序实证分析研究》，载中国人民大学刑事法律科学研究中心等：《“惩治轻微犯罪的中国实践与域外经验”研讨会论文集》，2015 年 11 月印，第 143 页。

③ 参见董永格、范媛丽：《刑事案件速裁程序实证分析——以东城区人民检察院试行实践为基础》，载中国人民大学刑事法律科学研究中心等：《“惩治轻微犯罪的中国实践与域外经验”研讨会论文集》，2015 年 11 月印，第 18 页。

表中直接列明主要犯罪事实和证据情况。[①] 当然，为了进一步强化信息共享，一些政法机关在审结报告的模板设计上煞费苦心，例如贵州省遵义市检察机关汇总各阶段的模板形成了《认罪速裁案件办案模板》，反映认罪速裁案件全流程诉讼情况全貌，统一后的模板实现了审查批捕、起诉办案信息共享，统一和量化各办案要素、证据标准。[②] 三是集中开庭。在刑事速裁程序中，检察机关确定专人出庭，法院确定专人审判，对一段时间内的案件进行集中开庭、当庭宣判，[③] 此时开庭的意义在于核实被告人认罪认罚的自愿性，法官大部分的审理工作体现在庭前的阅卷。[④] 四是减少不必要的等待时间。根据《刑事诉讼法》规定，检察机关审查起诉的期限为 1 个月，法院审理案件的期限为 20 个工作日，但在刑事速裁程序中，审查起诉的期限被压缩到了 8 个工作日，而审判期限则仅为 7 个工作日。当然，这种办案期限的压缩，实际是考虑到相当多的刑事速裁案件证据清楚、事实简单、适用法律无异议，完全可以进一步提高办案效率，尽快结案，减少被告人等待判决的时间。

（四）执行的国家与社会二元体系

从刑事政策决策的角度考虑，要提高刑事政策中社会主体的地位，加强刑事政策中的社会参与。刑事政策主体应当是刑事政策过程中的参与者。[⑤] 一般认为刑事政策的主体仅仅指的是国家。如果从狭义的刑事政策观来理解的话，这种观点有一定的理论基础。但是如果从现今更为流行的广义刑事政策观来看，就过于狭隘了。因为如今犯罪的治理无论

---

① 参见张孟东：《刑事案件速裁程序的现实境状及完善建议——以深圳市检察系统试点工作为视角》，载中国人民大学刑事法律科学研究中心等：《“惩治轻微犯罪的中国实践与域外经验”研讨会论文集》，2015 年 11 月印，第 84 页。

② 参见杨滨、任炳强、黄美松：《认罪速裁机制探索》，载《检察工作实践与理论研究》2016 年第 1 期，第 29 页。

③ 参见杨滨、任炳强、黄美松：《认罪速裁机制探索》，载《检察工作实践与理论研究》2016 年第 1 期，第 30 页。

④ 参见最高人民法院刑一庭课题组、沈亮：《关于刑事案件速裁程序试点若干问题的思考》，载《法律适用》2016 年第 4 期，第 18 ~ 22 页。

⑤ 参见陈振明主编：《政策科学——公共政策分析导论》，中国人民大学出版社 2003 年版，第 77 页。

从理论上还是客观实践上，都已经摆脱了完全依靠国家的职权主义模式，而转为国家与社会的二元化模式。首先，惩罚犯罪分子的最终目的是要对其进行改造，帮助其重新回归社会。在这个过程中如果忽视社会的作用，那么回归的效果将会大打折扣。现在将犯罪分子直接置于社会环境中进行改造成了主流的和更为科学的改造模式。这样就能够避免犯罪分子与社会相脱节的情况发生，既然从未远离社会，也就无须回归社会。其次，刑事政策首先是一项公共政策，涉及人民的权益，因此在刑事政策的制定与执行过程中，人民有权利参与其中。另外，随着国民社会的崛起，民众和社会的力量日渐强大，掌握的资源也更多。犯罪的治理是一个庞大和复杂的工作，如果仅仅依靠国家有时会显得捉襟见肘。那么吸收社会资源参与到犯罪治理之中就是国家与社会互惠互利的方式。现在越来越多的社会力量已经参与到犯罪预防的工作中来，如民间的保安公司等。① 社会在刑罚中有着不可替代的优势作用，行刑社会化也是世界范围内的刑罚执行方式革命，我国亦顺应了时代的潮流。

在改革开放后的20多年里，由于受到较为严峻的犯罪形势的影响，国家高层重新调整了治理国家的方式，改变了泛群众化、运动式的犯罪治理方式，但却有些矫枉过正，从依靠群众转化为排斥群众，从一个极端走向另一个极端，忽视了社会在刑事政策体系中的应有地位与作用，从而使社会逐渐失去了主体地位，甚至完全被排挤出犯罪治理体系之外。进入21世纪之后，由于之前一段时间内犯罪治理效果不理想，同时民主进程和参与理论不断推进，国家重新认识到社会在刑事政策体系中的地位和功效，期盼社会能够在刑事政策体系中重新发挥积极作用。因此，国家对于社会参与的态度和政策导向，对于社会在犯罪治理中的参与程度起着至关重要的作用。

随着党的十八届三中全会明确提出“健全社区矫正制度”，我国已经在全国范围内推广“社区矫正”制度，并取得了可喜的实践效果。现

① 参见张志刚：《第三方文化：组织有效参与社会治理的精神支撑》，载《大连理工大学学报（社会科学版）》2014年第3期，第108～110页。

在全国各地都已经在当地的司法所组织下建立了社区矫正组织，通常由当地的公安机关、司法局、监狱和社区等各部门联合组成。这些成果表明，社区矫正制度已经在我国正式建立起来。

然而仅仅建立了社区矫正制度是远远不够的，作为新兴事物，它的发展必然是曲折的，需要政府和人民共同的帮助才能稳固地发展。特别是当服刑人员真的到社区进行矫正时，他周围的人能够以正常的眼光看待他，是社区矫正能够取得效果的关键。因此，在相关制度建立之后，还要配备专业化的社区矫正服务人员，为矫正人创造良好的矫正环境，同时也不能影响社区居民的正常生活。这些是我国社区矫正下一步的工作重点。

二、现有“宽严相济刑事政策”制度化的问题

（一）政策制度化不完全

虽然在“宽严相济的刑事政策”的指导之下，我国已经开启了将刑事政策转化为具体制度的工作，但是由于没有一个核心的统摄性理论作为支撑和指导，一些政策的制度化不完全，缺失了一些要素和内容。以上述死刑政策的制度化为例，我国死刑政策就仍然存在一些需要继续制度化的内容。

第一，死刑政策制度化的路径选择尚不明确。关于如何明确死刑政策的指导地位，学者们也有所探讨，主要有两种代表性观点：一是将死刑政策明确规定在宪法之中；二是将死刑政策明确规定在刑法之中。例如，有学者指出，为维持政策的稳定性，应将死刑政策立法化；同时，将死刑政策写进法律也会对死刑政策的贯彻和实施起到监督和维护的作用。如果我国将死刑政策写入法典中，势必会极大地促进死刑立法和相关司法制度改革。① 也有学者认为，单单写入法典中不足以表现死刑政策的地位，应当在更高位阶的纲领性文件，甚至宪法中明确我国的死刑

---

① 参见赵秉志：《中国死刑立法改革新思考——以〈刑法修正案（九）（草案）〉为主要视角》，载《吉林大学社会科学学报》2015 年第 1 期，第 8 页。

政策。如果无法达到这样的条件，那么最低也要将其写入刑法之中。[①]有学者认为，国家应当直接在宪法中明确自己的死刑政策，向世人宣告国家对死刑的态度。[②]

上述学者的观点都有一定的道理，然而本书的立场是支持将死刑政策规定在宪法之中。宪法历来被称为人权保障书，一般来说，宪法中会明确保障每个人的生命权。而死刑作为剥夺生命权的刑罚，与保障生命权的规定存在一定的冲突，也容易引发死刑是否违反宪法规定的争论。正是基于此，很多国家都直接在宪法中明确规定了死刑的政策。例如，《瑞士宪法》第 10 条第 1 款规定，“每个人都享有生命权。禁止死刑”。《芬兰宪法》第 7 条规定，“每个人都享有生命权，人身自由、完整性和安全”“任何人不得判处死刑，遭受拷打或其他侵犯人格尊严的待遇”。这两个国家都在宪法中明确规定了禁止死刑的政策。同时，也有一些国家在宪法中明确规定了保留死刑的政策。例如，1993 年《莱索托宪法》第 5 条规定：“每个人都享有固有的生命权，任何人不得被任意剥夺生命。在下列情形下违反有关使用武力的法律，应当毫无例外地承担责任。但是，在下列情形下如果死亡在很大程度上是由于正当合理地使用武力造成的，则不视为违反本条所规定的剥夺生命……执行法院根据莱索托法律对业已证明的犯罪行为所作的死刑判决。”这一规定实际上是在宪法中明确保留死刑的政策。我国虽然通过 2004 年实施的《宪法修正案》，将“国家尊重和保障人权”载入宪法，却始终没有在宪法中明确死刑的政策问题。正因如此，关于我国死刑是否违宪，学界一直存在不同的看法。因而，考虑到死刑的限制及废除与宪法中的生命权密切相关，最好的选择就是将死刑政策明确规定在宪法之中。

同时，可以考虑将死刑立法政策规定在刑法之中，以明确死刑立法政策的指导地位。由于政策本来就比法律更为灵活，所以应该仅将基本

---

① 参见卢建平：《死刑政策的科学表达》，载《中外法学》2015 年第 3 期，第 615 ~ 618 页。

② 参见上官丕亮：《废除死刑的宪法学思考》，载《法商研究》2007 年第 3 期，第 4 ~ 6 页。

的死刑立法政策或为死刑立法改革指明方向的政策刑法化，而不包括具体的死刑政策。另外，也可以考虑将死刑司法政策规定在司法解释中，在保证死刑司法政策相对稳定性的同时，进一步明确死刑司法政策的指导地位。

第二，具体死刑政策仍需完善。对具体死刑政策缺失以及不明确的情况，笔者建议增加具体的死刑政策，并尽量明确这些死刑政策。例如，我国虽然一直在限制死刑的适用对象，但却没有相应的政策进行指导，而立法上也只是限制了部分死刑适用的对象。因此，建议针对死刑适用对象制定具体的死刑政策。对未成年人来说，由于我国已经实行了对未成年人不得适用死刑的政策，可以考虑进一步扩大主体范围，将不满 21 周岁的青少年人都作为不得适用死刑的主体。对老年人来说，我国当前实行了对年满 75 周岁的老年人一般不适用死刑的政策，在年龄标准和例外规定方面都不利于更好地保护老年人的利益，应进一步将当前的政策调整为对年满 70 周岁的老年人一律不得适用死刑。对哺乳期的妇女来说，从保护婴儿利益以及人道主义方面考虑，同样不应对其适用死刑。对精神障碍者以及聋人、盲人来说，由于其刑事责任能力有所减弱，从人道主义考虑，也不应对其适用死刑。

又如，明确有代表性的几类死刑罪名的死刑政策。对故意杀人罪来说，当前故意杀人罪的根本死刑政策是暂时保留死刑，并且在今后的很长一段时期内将一直保留故意杀人罪的死刑。但是，在故意杀人罪的死刑彻底废止之前，故意杀人罪的死刑政策并非一成不变，而是应该根据社会的犯罪态势、死刑民意的变化以及其他犯罪的死刑废止情况，及时予以调整。对毒品犯罪来说，鉴于我国目前所面临的毒品犯罪的形势，暂时不宜完全废除毒品犯罪的死刑适用，但这并不意味着对所有毒品犯罪的行为人就应该大杀特杀、一杀了之。我国应在保留毒品犯罪的死刑的同时，严格地限制、谨慎地缩减死刑的适用。例如，尽快废止运输毒品罪的死刑，调整司法实践中对毒品犯罪一贯的严打方针，尽快统一毒品犯罪的死刑适用标准，并提高数额标准等。对腐败犯罪来说，当前我国腐败犯罪的死刑政策应是，立法上暂时保留腐败犯罪的死刑，司法上一般不适用死刑。为更好贯彻执行这一死刑政策，当务之急就是着手引导腐败犯罪的死刑民意，尽量缩小当前的死刑民意与死刑政策之间的差距。

此外，有一些具体死刑政策也需要进行修改和完善。例如，减少死刑罪名的政策就具有一定的模糊性，不仅容易引发立法实践中各方的争议，也不利于大规模地减少死刑罪名。就我国目前的情况看，可以考虑从减少死刑罪名的阶段上升到“大规模地减少非暴力犯罪的死刑罪名”的阶段。这样就等于从政策上明确当前我国死刑罪名的立法改革方向和步骤，更加有利于指导我国的死刑立法实践。等到立法上已经实现了非暴力犯罪死刑罪名的全部废止后，可以再及时对政策进行调整，将“尽快减少非致命犯罪”作为一项具体的死刑政策。同样地，在我国立法上已废止这类死刑罪名后，就要将“全面废止死刑罪名”作为最后的死刑政策。

（二）具体政策不精细

在将刑事政策转化为具体制度的过程中，如果具体的刑事政策自身规定得不够精细，或者没有找对正确的适用对象，那么在将这样的政策转化为具体制度之后，问题仍然会存在。刑事政策精细化的价值在于完成立法精细化的工作，为司法提供方便；同时由于刑事政策的指导思想的作用，精细化的刑事政策在方便刑事政策的具体执行的同时，也能够为执行者提供更加准确的思想指导。刑事政策在发挥指导立法、司法作用的同时，也在扮演着为立法者和司法者选择价值取向这一类似“精神导师”的角色。例如，“少杀慎杀”的死刑政策，当立法者和司法者们按照该刑事政策慎重对待死刑立法和案件时，或自觉或不自觉地接受了该刑事政策中所蕴含的“尊重和保障人权”的价值取向。精细化研究的缺失，不仅会造成上述的各个具体刑事政策之间无法自洽的状况，也会因为无法提供足够的具体刑事政策而丧失对具体调整对象的控制力，以至于立法者与司法者在面对具体问题时，由于缺少确定的价值取向的引导，出现立场摇摆不定的状况。例如，幼女作为刑法所保护的一个特殊对象，我们的法律对其应持有怎样的保护态度？再者，被害人责任作为犯罪学中重要的研究内容，我国刑法应对其持有怎样的态度？“宽严相济”又该如何指导，是否应当将被害人责任法定化？

首先，对于作为刑法所保护的特殊主体之一的幼女，从立法文件中可以查证，无论是1979年《刑法》的规定，还是后来起草1997年刑法的过程中，立法者对幼女的保护态度都是非常严格的，不仅不要求行为人对幼女身份有明知的故意，同时考虑到幼女的理解能力和辨别能力，也没有对幼女的主观态度有所要求。换句话说，可以认为最初立法者所采用的是严格保护的幼女刑事政策。这样的刑事政策体现出的价值取向既符合幼女这一主体的特殊性，也与国际上大多数国家刑事立法对幼女的保护态度相一致。而立法者最初把对嫖宿幼女罪的处罚规定为依照强奸罪处罚的做法，也体现出了立法者对严格保护幼女的价值取向的贯彻与坚持，使之能够与强奸罪在价值取向上保持一致。由于当时并没有明确的幼女刑事政策，所以这种贯彻与坚持只是立法者们自发的行为。但是后来随着立法工作的进行，立法者们对于嫖宿幼女罪的处罚产生了分歧，后来赞成将其与强奸罪相区分的观点占了上风。而立法文件中也明确显示了当时立法者的态度变化过程。因为考虑到嫖宿幼女罪中的幼女是卖淫者，因而不能与强奸罪中的幼女相等同。这样的理由是笔者不能接受的。正如前文所引的立法文件中显示的，立法者在制定强奸罪时没有考虑幼女对发生性关系的主观态度，这种态度一般是被迫或不自愿，但在诱奸的情况下当然也可能是被金钱或其他利益所引诱。而幼女心智不成熟的生理与心理特质让立法者们选择在对行为人定罪时不考虑幼女的主观态度的做法。可是为什么在对待嫖宿幼女罪时，反而将为了金钱或财产利益而与他人发生性关系的幼女认定为卖淫者呢？难道这时当初让立法者倾向于严格保护幼女的那些生理与心理特质不复存在了吗？答案显然是否定的。这种显而易见的变化正是缺少具体的刑事政策所造成的。正是没有一个确定的刑事政策为立法者们确立价值取向，才导致了立法者们在对待幼女的价值取向问题上摇摆反复甚至自相矛盾的现象出现。

其次，立法者在“被害人过错”因素的价值取向和定位的问题上同样存在摇摆不定。对于“被害人过错”，我国刑法一直以来都没有明确的规定。虽然随着被害人学的兴起，犯罪学和刑法学界对于“被害人过错”因素在犯罪的发生和发展中所起的作用基本达成共识，都认同犯罪是犯罪人与被害人共同作用的结果的观点。但是对于“被害人过错”在刑法中的定位却一直都存在很大争议，无法对是否应当将其法定化达成共识。虽然刑法条文中并没有有关“被害人过错”的明确规定，但是司法解释的变化却能够体现出司法方面对于“被害人过错”因素的看法和态度。早在1999年，最高人民法院就表示对于因婚姻家庭、邻里纠纷等民间矛盾激化引发的故意杀人案件，在明确存在“被害人过错”的案件中，“一般不应判处死刑立即执行”。2010年最高人民法院更是认定被害人过错作为一种酌定量刑情节，对被告人原则上应做从宽考虑。2015年公布的有关反家庭暴力的司法解释中也提到了，“被告人的行为具有防卫因素，施暴人在案件起因上具有明显过错或者直接责任的，可以酌情从宽处罚”。这些司法解释清楚地释放出司法机关重视“被害人过错”在定罪量刑中作用的信号，在司法层面司法机关已经自主形成了关于“被害人过错”的“刑事司法政策”。但是在立法层面这个问题长期存在却许久以来未得到重视，“被害人过错”因素定位不明、适用不规范的问题在上述“强奸幼女罪”和“嫖宿幼女罪”的立法过程中同样得到体现。立法者最初对于幼女这一特殊群体的态度是无条件保护，也就意味着他们并不关心幼女在整个犯罪过程中是否存在过错。即便是现行刑法，仍然采用这样的立场和态度。但是，在制定“嫖宿幼女罪”的过程中，可以清楚地发现立法者考虑了“被害人过错”因素在该罪中的作用。由于我国同样缺少针对幼女群体保护的刑事政策，立法者没有能够在对待幼女的态度上保持一致，因而当幼女与性行为对象之间发生金钱往来时，事实上是通过“被害人过错”因素的有无将幼女区分为“无过错幼女”和“卖淫幼女”，并将后者认定为“卖淫者”，相对行为人也由“强奸者”变成了“嫖宿者”。与强奸罪中不考虑幼女是否具有主观过错的态度相比，此时立法者对于“被害人过错”因素的态度发生了明显变化。同样是幼女，同样是发生性关系，为何此一时彼一时，对外观表现相同的行为，只因为对个别因素立场的不同就在同一部刑法典中制定了两个不同的罪名？幸运的是，《刑法修正案（九）》废除了嫖宿幼女罪，从而使立法上对幼女无差别的保护原则得以被维持。尽管学术界仍然对于嫖宿幼女罪的废止有不同声音，一般也都把这次废止看作是立法对民众呼声的一次回应，但是在客观上达到了刑事政策精细化的效果，虽然依旧是“被动的”。

三、“宽严相济刑事政策”制度化之前瞻

刑事政策制度化是一个全新的命题，其内容还需进一步完善，需要学界给予更多的支持和鼓励。对于我国刑事政策制度化的实践而言，“宽严相济”刑事政策的制度化同样需要进一步完善，有更多的工作在前方等待着。从我国目前的需要来看，对党规党纪的制度化改造，以及认罪认罚从宽等政策的制度化完善是当务之急，应当成为未来一段时间内刑事政策制度化的重点。

（一）坚持和加快刑事政策非法律制度化创新

法律是最主要和最重要的正式制度，是国家建立各项制度最重要的方式和手段。刑事政策制度化也首先表现为法律化，通过将刑事政策转化为刑事法律的方式建立行之有效的法律制度，实现刑事政策的任务和目标。同时，在法律之外存在大量的非法律制度，这些制度中既有政党纪律、司法解释和行政解释等国家的正式制度，也包括道德、传统和社会舆论等非正式制度。自改革开放以来，我国已经完成了建设社会主义法制体系的工作，建立起较为完善的具有中国特色的社会主义法律体系。随着十八大之后全面推进依法治国工作的开展，我们应当更多地关注在国家治理中存在的大量的非法律形式正式制度和非正式制度。对于如何处理这些制度在国家治理过程中与国家法律之间的关系，需要我们进行更多的创新性思考和实践。

1. 深化党规党纪制度化

政党纪律是一个政党得以保持长久生命力和健康发展的最有力保障。德国政党自身建设的经验向我们证明了政党纪律于政党的重要性和必要性，特别是对于政党纪律和国家法律之间关系的处理，尤其值得我

们加以重视。我国正面临较为严重的腐败贿赂犯罪，而这类型的犯罪基本上属于党员犯罪。党规党纪作为约束党员行为的制度规范，对于减少和预防党员犯罪起着至关重要的作用。因此，党规党纪的制度化就有着重要的刑事政策意义。

我国现今实行的是一党领导的多党合作制，中国共产党是我国唯一的执政党，依照宪法和党章代表人民治理国家。根据依法治国的要求，执政党必须依照宪法和法律执政；同时，党规党纪作为执政党纪律也对执政党的一切行为具有普遍的约束力。因此，如何处理党纪党规与宪法和法律之间的关系，对于立志带领全国人民建设社会主义法治国家的中国共产党而言是必须优先解决的问题。

党纪党规（或称“党法”）是中国共产党制定的用以约束和指导其自身行为的规范，是其对自身建设和行为要求的意志体现。同时，我国的法律又是在党的领导之下由人民代表大会及其常务委员会制定出来的，同样体现执政党的执政意志。那么，我们就有必要厘清“党法”与“国法”对于我国执政党约束力的效力层级关系，以及二者间的关系。中国共产党为中国工人阶级的先锋队，同时也是中国人民和中华民族的先锋队，是由具有先进性的党员组成的。而“党法”作为政党的纪律，必须对全体党员提出高于普通公民的要求，以凸显党员的先进性。与此相比，法律作为约束全体公民的行为规范，只是公民的最低行为标准，而不以强调先进性为目的。因此，从这个逻辑上来说，“党法”应当在“国法”之前起效，以严于“国法”的标准监督执政党遵守“国法”，同时维持执政党的先进性代表的地位。对此，习近平总书记在《中共中央关于全面推进依法治国若干重大问题的决定》中明确指出，“党的领导是全面推进依法治国、加快建设社会主义法治国家最根本的保证”，“党内法规既是管党治党的重要依据，也是建设社会主义法治国家的有力保障”。[①] 从上述内容中我们应当发现，建设社会主义法治国家必须坚

① 《中共中央关于全面推进依法治国若干重大问题的决定》，载《〈中共中央关于全面推进依法治国若干重大问题的决定〉辅导读本》，人民出版社2014年版，第36页。

持党的领导；党在领导全国人民建设社会主义法治国家的过程中必须遵守党内法规；党内法规不是国家法律，也不能取代国家法律，而是国家法律发挥规范党和国家行为的作用的有力保障。因此，对于中国共产党而言，党内法规与国家法律构成了相互协作的双重约束机制，全力保障党和国家严格按照依法治国的要求执政。正如王岐山同志所言：“坚持党的领导，依规管党治党，为全面推进依法治国提供根本保证。”① 所以，当我们在大力加强社会主义法治建设的同时，当所有人都在关注我国法律的实施和完善的时候，我们还必须重视对党内法规这个依法治国有力保障的制定与完善。习近平总书记在《中共中央关于全面推进依法治国若干重大问题的决定》中明确表示：“完善党内法规制定体制机制，加大党内法规备案审查和解释力度，形成配套完备的党内法规制度体系。”② 党规党纪制度化的命题由此产生。

（1）党规党纪制度化的现实要求

追根究底，制度的价值在于其时效性与可操作性，倘若失去这两个特性，制度也就名存实亡。综观全球，执政党的内部制度都会严于其国家的法律。肩负神圣使命的中国共产党基于其先锋队性质及执政地位，其党规党纪必须比国家法律要更加严格。如果仅以公民的底线作为一个党员的评测标准，那么所谓“从严治党”就失去了意义，中国共产党长久以来一直坚持的党员先进性更会名不副实。政党作为一种社会组织，需要依靠强有力的纪律与规范保证其从上到下团结一致、齐心协力，纪律的严明程度直接决定着一个政党的生死。对于中国共产党来说，强化党规党纪对党员的规范是保持其执政党地位和生命力的必然需求。同时，近年来我国反腐败斗争中呈现的各种党员腐败堕落的现象也证明这些担忧绝不是杞人忧天。习近平总书记在党的十八大以来的一系列重要

---

① 王岐山：《坚持党的领导，依规管党治党，为全面推进依法治国提供根本保证》，载《〈中共中央关于全面推进依法治国若干重大问题的决定〉辅导读本》，人民出版社2014年版，第14页。

② 《中共中央关于全面推进依法治国若干重大问题的决定》，载《〈中共中央关于全面推进依法治国若干重大问题的决定〉辅导读本》，人民出版社2014年版，第36页。

讲话，中心思想就是要求从严治党，加强纪律监督，这既是对党组织提出的要求和任务，也是未来中国共产党修订党规党纪的目标与方向。

依规治党的前提是要有规可依，而且这种“规”必须是科学、合理的和符合法治精神的，不然只会是缘木求鱼，南辕北辙。因此，党规党纪的制定就是依规治党的最基础条件。要开始这项工作，首先必须要对中国共产党现有的党规党纪有一个充分和清晰的认识。说到中国共产党的党规党纪，可能很多人印象最深刻的就是所谓的“红头文件”，那是中国共产党最常用的规范形式。中国共产党通过“红头文件”的形式发布了大量的规章制度，这其中有很多已经随着世事变迁不合时宜了，虽然还没有被明确废止，但实际上已经失去实用价值。以党的法规制度为例：自1949年10月至2012年6月（剔除“文化大革命”十年），出台中共中央文件共2.3万余件，这些文件都是针对党在不同时期并处于不同的历史条件下所要完成的主要任务来制定的，但在长达六十余年的时间里却从来没有对这庞杂的文件进行整理。近年来，随着依法治国的推进和从严治党的提出，自2012年6月至2014年10月，党中央对新中国成立以来党的文件进行了全面和细致的整理，发现了很多问题，譬如有些文件相互冲突，有些文件规定甚至与宪法精神和法律法规相违背。从这些文件里一共整理出1178件关于党的建设和规范党员行为的规章制度性文件，有些文件制定的时代已经较为久远，如中华人民共和国成立初期为了进行“三反”运动、整风运动而制定的文件。这样的文件由于已经超过了适用期限，应当自然归于无效。有的发布时间不同的文件间相互矛盾，按照从新的原则，新的文件发布后，旧的文件也应自然无效。经过这样的整理之后，一共清理出369件应无效的文件，应被废除的322件，这两种文件就占了总数的58.7%；剩下的文件中487件继续使用，42件需要根据现实变化做出相应的修订。[1]

离开了完善的规章制度，从严治党就无从谈起。特别是在党和国家

① 参见周淑真：《以治标促治本——党规党纪的制度创新》，载《武汉大学学报（人文科学版）》2016年第1期，第13~16页。

都在大力提倡反腐倡廉建设的时期，党规党纪必须充分发挥出规范党员行为的作用，为反腐工作提供有效的支持。但与强烈的现实需求不相匹配的是，中国共产党对党规党纪的理论研究较为欠缺，无法满足现今反腐工作的需要。现行的党规党纪中《中国共产党党员领导干部廉洁从政若干准则》和《中国共产党纪律处分条例》最为重要，但二者都是1997年制定的，经历过近20年后，而且还是我国发生巨变的20年，这些准则和条例是否还适应今时今日的治党环境很值得怀疑。虽然二者也分别在2010年和2003年进行过修订，但其中曾存在很多较为严重的问题，比较突出的有：第一，过多借鉴法律规定，使党规与法律区分不明显，同时也有与法律相重复的嫌疑，容易让人产生混淆；第二，因为党规党纪与法律过于雷同，因此在实践中就只有法律在发挥作用，既然党规党纪没有自己的特点，也就没有使用的必要，而一旦违反了党规党纪，也就意味着违反了法律，没有区别度；第三，规定较为粗放，不够细致，缺乏实际的可操作性；第四，内容不够、欠缺体系性，很多条文所规定内容有相互重复的嫌疑，实践中让人无所适从，极大地影响了使用效果；第五，对于党员廉洁的内容规定得较少，没有突出先进从严治党的最突出问题和需求。

（2）党规党纪制度化的体现及成果

中共中央政治局会议于2015年10月12日审议通过了修订的《中国共产党廉洁自律准则》（以下简称《廉洁自律准则》），又于2018年7月31日审议通过了修订的《中国共产党纪律处分条例》（以下简称《纪律处分条例》），并分别于当年正式开始实施，要求各地区各部门严格遵照执行。专家跟媒体高度评价了修订后的《纪律处分条例》和《廉洁自律准则》，《纪律处分条例》被誉为“改革开放以来最全、最严党纪”，甚至“中共史上最严党纪”，体现了此次《纪律处分条例》修订的历史意义以及特点。但是同时应当意识到，党规党纪的有效性一方面体现在其制度化与规范化，另一方面体现在规则意识和法治精神。本次《纪律处分条例》的修订，是中国共产党在自身纪律建设方面为追求法治化进程而迈出的坚实的一步，充分体现了法治的精神和原则，是党规党纪的法治化建设进程中的里程碑。

这次纪律修改有着更深远的意义，反映了中共中央对党规党纪制度化建设的重视。在国家层面，依法治国是未来发展的方向和趋势，同样地，在政党层面，依法从严治党也是未来中国共产党的发展方向和趋势。这次的修订正是中国共产党为了实现这一目标而做出的努力与尝试。

首先，修订后的《纪律处分条例》以党章为核心。经过此次修订之后，《纪律处分条例》在第1条就开宗明义地强调“维护党的章程和其他党内法规”，“根据《中国共产党章程》，制定本条例”，又在第3条再次强调了党章的地位：“党章是最根本的党内法规，是管党治党的总规矩。”“党组织和党员必须自觉遵守党章，严格执行和维护党的纪律。”这些内容是原来的条例中所没有的，新加入的内容反映出中国共产党对条例和党章关系的新认识，以及对党规党纪理论研究的发展。除了强调党章的核心地位外，修改后的《纪律处分条例》中还增添了很多紧贴党章、细致的、具有很强操作性的具体规定。这些内容都是紧紧围绕党章的内容而做出的修改或增加，是对党章要求的具体化。

其次，《纪律处分条例》突出了政治纪律以及政治规矩的制度化。现今中国共产党面临着很严重的党员治理的挑战，《纪律处分条例》特别增加了许多强调党员行为的规范和处分内容，对党员提出了更高、更严的行为准则，要求所有党员都要充分地认识到遵守纪律的重要性。对于党员做出的与党的基本立场、纲领和理论不相符的行为，要坚决进行处分。比较引人注目的有，《纪律处分条例》增加了对公开“妄议中央大政方针，破坏党的集中统一”和“丑化党和国家形象，或者诋毁、诬蔑党和国家领导人，或者歪曲党史、军史”等行为的处分规定，对类似“吃共产党的饭，砸共产党的锅”的行为坚决予以打击。[①] 对于“故意作出与党和国家的方针政策以及决策部署相违背的决定的”，“擅自对应

---

① 参见周淑真：《以治标促治本——党规党纪的制度创新》，载《武汉大学学报（人文科学版）》2016年第1期，第13~16页。

当由中央决定的重大政策问题作出决定和对外发表主张的”以及“拒不执行党和国家的方针政策以及决策部署的”直接责任者和领导责任者都要给予处分。[①] 通过这些新增的内容，党规党纪变得更加完善和规范，更加适应现今从严治党的要求。《纪律处分条例》对纪律重要性的强调，反映了党对党员纪律的重视，表现出了一个执政党应有的品质。这些新增的规定对于实现党规党纪的制度化有着无可替代的作用和意义，对于将要带领中华民族重回世界之巅的中国共产党而言，更加意义非凡。

再次，修订后的《纪律处分条例》和《廉洁自律准则》具有更强的可操作性。王岐山同志曾强调：“与时俱进加强党内法规制度建设。”[②] 经过此次条例的修订，《纪律处分条例》中增添了很多经过细化和优化的具体的规定，大大提高了《纪律处分条例》的可操作性。通过对比修订前后的《纪律处分条例》我们可以很容易地发现二者的变化与优劣，例如，此次修订在第六章中只新增了三条规定，从条文数量上看变化并不大，但这三个条文却包含1000多字，说明这些条文规定得非常详细和具体，如第46条新增了“通过信息网络、广播、电视、报刊、书籍、讲座、论坛、报告会、座谈会等方式”，“妄议中央大政方针，破坏党的集中统一”以及通过上述方式“诋毁、诬蔑党和国家领导人，或者歪曲党史、军史的”，都要受到相应处分。不仅对于行为方式进行了细致的列举，而且还根据行为情节的轻重程度配置了不同轻重程度的处分措施。第48条将党员之间拉帮结派搞小团体的现象纳入了处分范围，并在第49条将此类行为根据不同的情节细分为三种情况进行处分。这些规定使《纪律处分条例》的内容更加清晰、丰富、具体，增强了自身的实用性以及可操作性，摆脱了党规党纪过去笼统化的不足，提升了党内

---

① 参见周淑真：《以治标促治本——党规党纪的制度创新》，载《武汉大学学报（人文科学版）》2016年第1期，第13～16页。

② 王岐山：《坚持党的领导，依规管党治党，为全面推进依法治国提供根本保证》，载《〈中共中央关于全面推进依法治国若干重大问题的决定〉辅导读本》，人民出版社2014年版，第19页。

法规建设法治化水平。

最后，修订后的《纪律处分条例》使党纪与国法之间实现了有效的区分与衔接。修订之前的《纪律处分条例》和《廉洁自律准则》的很多规定有着较为明显的模仿相关法律的痕迹，这样不仅会抹杀《纪律处分条例》作为政党纪律的特殊性，同时也会造成党纪与国法的混淆，对二者的严肃性和公信力都会产生负面影响。二者过于雷同的负面影响还表现在，无法形成党规党纪与法律分层次的规范体系，而是平行甚至重合的，一旦触犯二者之一，即意味着触犯了二者全部。以前一直存在这样的现象，即只要有违反党规党纪的现象出现，就意味着有违法犯罪的行为发生。如此一来，党规党纪就失去了独立存在的必要性和合理性，对于一个政党而言是极其危险的。为了满足党规党纪制度化和法治化的需要，此次修订专门对如何处理党规党纪与国家法律的关系进行了较为深入的研究，既要让党规党纪具备规范性，又要让其与法律有所区别。

(3) 对党规党纪制度化的展望

党的建设任重而道远，非一朝一夕所能完成，注定是一个长期的任务，而制度化、法治化不仅仅只是一个目标与方向，同时也是中国共产党在今后长期的政党建设中必然会用到的建设方式。新的纪律条例和自律准则的内容让人耳目一新，但这是一个开始，体现了中央对党规党纪制度化、法治化的追求，进而将全面开展和推动执政党建设的制度化工作。对此，本书认为还应该从以下两个方面加强和完善党规党纪制度化的建设工作：

首先，进一步系统梳理党规党纪，形成相对统一的党内法典，使党规党纪制度更加完善。党的十八大以来，一系列针对党内法规体系建设的创新举措被推出。中央已经着手重新梳理已有的党规党纪，来解决党规党纪中存在的交叉重复，庞杂散乱的现象。对交叉重复的内容进行了精简合并，对明显已经脱离时代步伐不宜适用的内容进行了清理淘汰。如上所述，在经过今年来党中央对过往党的文件的清理，废止了 300 余部过期或无效的文件，而在继续保留或仍然有效的 467 部文件中，还有

42部文件需要进行修订。[①] 虽然经过此次清理之后，党的文件数量已经大大精简，但是仍有较大继续整理和优化的空间。[②]

对于未来党建活动的发展规划，可以参考国家制定法律的流程，先选定一个指导党规党纪制定的总体思路或理念，然后在这个指导思想之下对党规党纪的各部分内容进行细分，使彼此间相互配合与协作，形成和谐统一的体系，避免相互抵触和矛盾的现象出现，增强规范的科学性与合理性。[③]

此外，要严格依照党章对现有党内法规进行整理或合并。现有的党规党纪中存在很多模糊性的规定，或类似于立法技术中的"兜底性"条款和"拟制条款"。这些规定是否都完全符合党章的规定还有待考察。比如，《纪律处分条例》修订之后，很多人都认为该条例禁止党员炒股。这样的观点源于《纪律处分条例》第88条的规定，其中列举了六种禁止党员从事的行为，其中一项规定禁止"买卖股票或者进行其他证券投资"，据此很多人得出了《纪律处分条例》禁止党员炒股的结论。然而这样的认识并不正确，为了纠正这样的错误认识，《人民日报》还专门对该条款进行解读，指出这项规定是有适用条件和范围的，该规定前半部分中明确写着"违反有关规定"的限定词。对此《人民日报》指出这里的"有关规定"指的是在2001年制定和发布的《关于党政机关工作人员个人证券投资行为若干规定》，该规定并没有禁止党员炒股等行为，而只是党员进行这些投资行为时必须严格遵守一些纪律和规定，只要不违反这些纪律和规定，可以自由进行投资与买卖股票。虽然《人民日报》的解释可以帮助人们正确地认识《纪律处分条例》的相关规定，但党中央在制定《纪律处分条例》或修订的时候完全可以将条文规定得更

---

① 参见程同顺：《党规党纪法治化建设的里程碑》，载《武汉大学学报（人文科学版）》2016年第1期，第9~12页。

② 参见周淑真：《以治标促治本——党规党纪的制度创新》，载《武汉大学学报（人文科学版）》2016年第1期，第13~16页。

③ 参见程同顺：《略论中国共产党党规党纪建设的成绩与不足》，载《人民论坛》2014年第35期，第31~33页。

加细致，避免人们误读；或者将限定条件表述得更为直接和清晰，便于人们掌握。

其次，制定更加具体的程序性规定。正当程序原则现在已经成为一条基本法律准则，特别是对于司法工作而言，程序正义就是司法公正的基本要求和形式要件。中国共产党要完成从严治党和加强党员先进性的目标，必须坚持将程序正义的价值追求作为党的建设的重要价值目标。同时，正当程序的建立也是党组织内部民主生活的基本保障，正当程序的缺失，会为别有用心的人试图操作和控制党的权力制造机会。例如，党章中“党的各级委员会向同级的代表大会负责并报告工作”说明了各级党委与同级党的代表大会的关系，但同时应该指明负责的具体方式，以及不同情况下所负担的责任。也应该对特定情形下的处理方式给予规定，譬如党的代表大会倘若否决了同级党委的工作报告时应采取怎么样的措施。在干部任用的问题上，党委应实现票决制，但一把手不能率先表态，应采取匿名投票方式，当众唱票，并宣布结果，还应允许不同的意见存在。完全可以借鉴政治学和法学的专业技术来提高政党纪律制定的科学性与合理性。为达到这一目标，一方面要改变党规党纪偏于说教的做法，戒除过于笼统的规定以及抽象的原则，务必把党规党纪具体化、细节化，把党章对党员的要求转化为具体的行为规范，提升可操作性。另一方面应与时俱进，防止党内法规程序性的规定落后于现实的变化，纠正党内在工作程序方面新出现的不良风气和不当行为。

2. 刑事速裁程序制度化

（1）刑事速裁程序制度化的必要性

中国现在正处于经济转轨、社会转型的特殊时期，刑事案件速裁程序是更高效利用已有资源的必然选择。为了对十分有限的司法资源进行优化配置，提高司法审判的工作效率，我国政府决定开展刑事案件速裁程序的试点工作，为此全国人大常委会于 2014 年 6 月 27 日专门作出《关于授权最高人民法院、最高人民检察院在部分地区开展刑事案件速裁程序试点工作的决定》，对这项工作的开展提供充分的支持和保障。刑事速裁程序所适用的场合在文件中得到明确：其适用于事实清楚、证据充分、被告人自愿认罪、当事人对适用法律没有争议的危险驾驶、交通肇事、盗窃、诈骗、抢夺、伤害、寻衅滋事等情节较轻，依法可能判处1年以下有期徒刑、拘役、管制，或者依法单处罚金的案件。此外，北京等18个城市被列为开展为期两年的刑事案件速裁程序工作的试点地区。为了贯彻和响应该决定的精神和开展刑事速裁程序试点工作，最高人民法院、最高人民检察院、公安部、司法部于2014年8月22日联合发布了《关于在部分地区开展刑事案件速裁程序试点工作的办法》(以下简称《刑事案件速裁程序试点办法》)，标志着刑事速裁程序的试点工作正式进入实施阶段。

《关于授权最高人民法院、最高人民检察院在部分地区开展刑事案件速裁程序试点工作的决定》中明确，刑事诉讼基本原则是刑事速裁程序必须遵循的前提，刑事速裁程序适用的范畴是事实清楚、证据充分、被告人自愿认罪、当事人对适用法律没有争议的轻微刑事案件，在此基础上对审判工作流程进行简化。构建刑事速裁程序的必要性体现在如下几个方面：

第一，刑事速裁程序有利于保障人权。保障人权是建构制度的终极目标，而高效的刑事速裁程序可以加强对人权的司法保障。贝卡里亚认为，诉讼的持续时间越短越有利于公正的实现，“惩罚犯罪的刑罚越是迅速和及时，就越是公正有益”，[①] 因此，刑事速裁程序有利于保障犯罪嫌疑人、被告人的人权。另外，被害人也期盼案件能早日审理完结，保护自己的合法权益，获得应有的赔偿与抚慰。对于刑事案件中的民事赔偿等诉求，我国的审判制度将其与刑事审判捆绑进行，通过刑事附带民事诉讼的方式“在解决被告人刑事责任的同时，附带解决被告人的犯罪行为所造成的物质损失的赔偿问题”。因此，刑事案件完结的速度越快，也就意味着受害人能够越快获得相应的民事赔偿。“在改革刑事司法制度，使其达到现代化的过程中，一个最主要的挑战就是要保证在加速司

---

① 参见［意］切萨雷·贝卡里亚：《论犯罪与刑罚》，黄风译，北京大学出版社2014年版，第57页。

法过程的同时保证公平。”① 这也意味着，刑事速裁程序在追求优化诉讼资源，提高诉讼效率的同时，必须建立在公正公平的基础之上。

第二，刑事速裁程序有助于合理配置司法资源。一方面，因为中国正处于经济转轨、社会转型的特殊时期。为了维护社会稳定，保护人民群众的合法权益，一些轻微的违法行为渐渐地被纳入刑法的管控范围。《刑法修正案（八）》对盗窃罪的修订，以及增加危险驾驶罪等，让轻微刑事案件的数量明显增多，此类犯罪在全部犯罪总数中的比例也在逐年上升。据不完全统计，自从《刑法修正案（八）》正式实施以后，盗窃罪和危险驾驶罪就产生了我国最常见和数量最多的轻微刑事案件，占全国范围内被判处1年以下有期徒刑的刑事案件总数的43%。随后《刑法修正案（九）》进一步拉低了入罪门槛，将更多的轻微犯罪行为纳入刑法典。我国刑法这样的发展趋势带来的一个直接后果就是大大增加了人民法院每年需要审理的刑事案件的数量，因此推动刑事案件繁简分流的诉求日益增加，同时也进一步加大了对优化司法资源配置的需求。另一方面，公安部门“案多人少”的现状可以通过刑事速裁程序得到切实改善，大大缓解了办案压力。同时，刑事速裁程序的大范围适用，不仅可以让案件繁简分流，起到优化资源配置的作用，又可以让侦查和司法机关能够集中优势力量解决疑难、复杂案件，这不仅符合我国司法实践的需要，也顺应了刑事诉讼制度的发展。②

第三，刑法速裁程序有利于化解简易程序提速难的困境。虽然2013年实施的《刑事诉讼法》中对简易程序的适用范围进行了大幅度的扩充，但是由于最为关键的庭审程序并未得到太多简化，因此司法机关“案多人少”的矛盾局面仍较为突出。有数据表明，简易程序在大量的轻微刑事案件处理过程中并没有完全体现出快速、高效的优势，难以有

① ［英］麦高伟、［英］弗里·威尔逊主编：《英国刑事司法程序》，姚永吉等译，法律出版社2003年版，第13页。

② 参见熊秋红：《刑事简易速裁程序之权利保障与体系化建构》，载《人民检察》2014年第17期，第12~17页。

效提高诉讼效率。[1] 通过对我国从2004年至2013年10年的判决生效的案件数据的观察可以看出，这10年轻微刑事案件的比重明显上升并且一直处于较高水平，其中2013年89.14%的占比为历年最高，即使在占比最低的2005年也达到81.88%。然而，矛盾的是，虽然轻微刑事案件占比较高，但简易程序的适用却没有成为主流。2004年至2011年的轻微刑事案件中一审适用简易程序的案件仅占总数的30%。即便在2013年《刑事诉讼法》正式实施之后，国家大力提倡简易程序的适用的环境中，当年简易程序适用占比也仅有50.44%。缓解该矛盾，刑事速裁程序是一剂良方。虽然都是为了保障当事人诉讼权利，追求诉讼效率，但刑事速裁程序进一步简化了简易程序，并能化解简易程序提速难的困境。

（2）刑事速裁程序制度化的展望

在试点地区实践的过程中，刑事速裁程序暴露出许多不足和缺陷。首先，适用刑事速裁程序的案件范围过窄，《刑事案件速裁程序试点办法》中，刑事速裁程序适用的案件范围被定为：危险驾驶、交通肇事、盗窃、诈骗、抢夺、伤害、寻衅滋事、非法拘禁、毒品犯罪、行贿犯罪、在公共场所实施的扰乱公共秩序犯罪等情节较轻、依法可能判处1年以下有期徒刑、拘役、管制的案件，或者依法单处罚金的案件。受到适用范围狭窄的影响，诉讼资源难以进一步得到优化，分流案件的有效性以及办案效率也大打折扣。此外，不公开审理的速裁案件范围过于笼统，《刑事案件速裁程序试点办法》没有对“信息安全”的内涵以及外延做出具体解读，因此在司法实践中法官很有可能滥用自由裁量权，做出有利于某一方的判决，并有可能借此让刑事案件不公开审理的事由扩大，最终对司法的公信力造成不良影响，不利于社会稳定。除此之外，刑事速裁程序也存在诸如被告人从宽处罚的规定模糊、被害人权益保护

---

① 参见刘广三、李艳霞：《我国刑事速裁程序试点的反思与重构》，载《法学》2016年第2期，第147~155页。

条款立法粗糙等不足。①

从试点地区的反馈我们可以进行试点经验的总结与反思，并在此基础上提出完善的建议：我们不仅要建立完善的刑事速裁程序制度，同时还要为该制度配备科学与合理的工作机制；不仅要对审判环节进行革新，也要健全侦查、起诉、执行等环节。

第一，建立起刑事速裁程序中的侦、诉、审、执、司的联动机制。从过程来看，虽然许多庭审程序在刑事速裁程序中被省略，但依然保持着控、辩、审三方的基本结构，只是将以往在庭审阶段进行的查明事实的工作提前到了审判前程序。因此，在关注审判环节的同时，侦查、起诉、执行等其他相关环节也进行相应的改变或优化，这样才能形成统一的同步互动机制。为形成这种联动机制，第一步就是应该完善侦查程序的相关法律决定。一般而言，侦查阶段是办理刑事诉讼案件最难掌控时间的阶段，② 因此对符合条件的轻微刑事案件，公检法机关应当分别在各自的诉讼环节启动速裁程序，最大化地加快案件进程。对于案件事实清楚，犯罪嫌疑人如实供述并认罪、认罚的案件，侦查机关可以将侦查期限限制在一个较短的时间内。对于符合适用刑事速裁程序条件的案件，侦查机关在移送审查起诉时应当向检察院提出书面建议，提请开启刑事速裁程序。至于检察机关层面，可以构建建立案快速分流制度，对公安机关移送的案件进行分类和筛选，将申请或已经开启刑事速裁程序的案件归入特别的审查通道，与普通案件区分；同时，对自己负责审查的案件要在保证公正的基础上尽可能简化相关手续和流程。最后，当检察院将案卷移交到法院起诉时，应同时移交速裁程序建议书，法院也应对接收的案件进行分类整理，将申请速裁程序的案件集中立案、集中移送刑庭、集中送达起诉状并集中安排审理等。

第二，健全刑事速裁的启动与回转程序。刑事速裁程序是一种简化

① 参见刘广三、李艳霞：《我国刑事速裁程序试点的反思与重构》，载《法学》2016 年第 2 期，第 147 ~ 155 页。

② 参见陈在上：《轻微刑事案件侦、捕、诉联动机制构建》，载《河南教育学院学报（哲学社会科学版）》2014 年第 1 期，第 63 ~ 65 页。

的审判程序，一旦启动案件的审判就会加速、从简进行。但是在实践中也会出现在速裁的过程中发现案件情况复杂，或出现新的证据和事实，使案件不再适合适用速裁程序。此时，就需要及时中止已经开始的速裁程序，重新以普通程序或简易程序进行审理。这样的做法就被称为刑事速裁的回转程序。

《刑事案件速裁程序试点办法》中首先规定了刑事速裁程序的三种启动方式：公安机关建议、辩护人建议和检察院建议启动。除此之外，还明确规定了刑事速裁程序的回转程序。主要是针对特殊的情况，例如法院已经将案件转入刑事速裁程序，但又发现案件可能被判处一年以上有期徒刑、被告人翻供或对检察院提出的量刑意见有异议、被告人对适用法律有争议等不适宜适用刑事速裁程序的情况时，应及时转为普通程序或简易程序审理。另外，如果案件当事人还有附带民事诉讼赔偿争议尚未解决，或者司法机关对被告人的社会调查评估结果显示不适宜适用速裁程序的，也应及时进行回转。在已经进行了一年实践的广州市，12个基层法院一共适用速裁程序审结2608起案件，在这之中有73起案件被转回了简易程序，另有57起案件转入了普通程序，赔偿争议和被告人翻供是回转的最主要原因。[①]

第三，规范刑事速裁的庭审程序。刑事速裁程序由独任法官审判，无须组成合议庭，除此之外，还应做到如下几点：

首先，扩大刑事速裁程序适用的范围，明确法定从宽的界限。前文中已有赘述，在我国近十年的司法实践中，判处5年以下有期徒刑或判处缓刑、拘役、管制及单处附加刑和免于刑事处罚的罪犯占所有判决人数的八成以上，2016年更是高达92%。在我国长期司法实践的基础上，加以借鉴域外的司法经验，为有效分流案件，提高司法效率，在考量了减少法规适用的阻力之后，建议将刑事速裁程序的适用范围进行适当的扩大，如危险驾驶、交通肇事等过失犯罪，毒品犯罪和贪污受贿等非暴

---

① 参见周聪：《广州“刑事速裁”一年六成审判危险驾驶》，载《新快报》2015年9月16日，第A12版。

力犯罪，情节较轻的盗窃、诈骗、抢夺、伤害罪，还有寻衅滋事等在公共场所实施的扰乱公共秩序犯罪，在情节较轻、依法可能判处 3 年以下有期徒刑、缓刑、拘役、管制时，应当准许适用速裁程序进行审理。

其次，规范不公开审理程序。案件的公开审理是刑事司法的基本原则，对于法律准许的不公开审理的例外情况，必须有明确和清晰的规定。刑事速裁程序虽然审理程序简化和快速，但同样要遵守公开审理的原则，对于适用速裁程序且不公开审理的情况，法律必须有明确和具体的规定。对于我国的刑事速裁制度而言，还有很多地方需要完善，如不公开审理的适用范围，不公开审理申请的审查制度，以及不公开审理的告知制度等。

此外，为了进一步合理简化刑事速裁程序的裁决程序，也为了保障其明确性以及透明度，应当继续推动审判流程公开以及裁判文书公开，不断完善量刑规范化制度，将速裁案件的量刑标准以及缓刑适用条件进一步细化，同时提高检察院量刑建议的准确性，增强法院刑罚裁量的科学性，并坚决落实认罪认罚的从宽政策。只有这些方面的工作到位了，刑事速裁程序才能在提高诉讼效率的同时，实现公正。

最后，完善被告人与被害人的权利保护程序。虽然刑事速裁程序“一切从简”，但这并不意味着法律对相关被告人和被害人权益的维护“从简”。相反，适用速裁程序恰恰是为了更好地维护他们的利益。为了确保这一目的的实现，我们需要在刑事速裁程序中对被告人和被害人权益的保护制定完善的程序规定。一方面，犯罪嫌疑人或被告人合法地享有知悉权、程序选择权和辩护权，法律应为他们提供充分的保护。刑事诉讼是国家机关追诉犯罪的行为，虽然在这个过程中国家机关处于与犯罪嫌疑人或被告人对立的地位，但是保护他们的合法权益同样是国家司法机关的职责。犯罪嫌疑人、被告人主张自己权益的前提是拥有知悉权，只有当其知悉自身的诉讼境遇，才能在程序选择时真实表达自己的意愿。因此，相关公安和司法机关必须向犯罪嫌疑人、被告人履行告知的义务。从现在试行速裁程序的司法机关的反馈来看，审判人员一般都能做到在庭审前核实案件的真实信息，告知被告人其依法享有的权利和义务；在庭审阶段，审判人员还会询问被告人的意见，如果被告人对庭审中的任何事情存在疑问或异议，或者庭审人员发现有不适宜使用速裁程序的情况存在，都可以及时将案件转入简易程序或普通程序。

另一方面，需要完善被害人在刑事速裁程序中的参与权，充分保障其知悉权。《刑事案件速裁程序试点办法》中，关于被害人权益保护的条款并不完善，应当重视被害人在刑事速裁程序各个阶段的权益保障。侦查机关在移送审查起诉时，应向被害人及其法定代理人送达通知书；在审查起诉的过程中，检察机关应当充分听取被害人的意见，如果做出起诉决定并认为该案适用刑事速裁程序，需将被害人的意见附卷一起送达法院进行审查。在审判阶段，法院应保障被害人的参与权，使其可以在庭审中发表影响性陈述，合理地向法官表达对案件的看法以及对量刑的处理意见。倘若被害人不认同法院作出适用刑事速裁程序的决定，可以在规定的有效期内向本级法院院长提起申诉，审查承办法官决定的合法性。如果被害人申诉理由成立，法院院长应要求承办法官撤销适用刑事速裁程序的决定，转而适用简易程序或普通程序审理；反之，则驳回被害人的申诉请求。

3. 认罪认罚从宽政策制度化

（1）认罪认罚从宽政策制度化的必要性

较之于宽严相济刑事政策，认罪认罚从宽制度是对政策的制度化、规范化，集中适用于被追诉人在自愿基础上认罪、认罚，并选择特定程序处理的案件，它充分体现了实体上的从宽与程序上的从简。中共十八届四中全会通过的《关于全面推进依法治国若干重大问题的决定》提出“完善刑事诉讼中认罪认罚从宽制度”。按照中央的部署，2016 年中央有关部门将提出认罪认罚从宽制度试点方案，经全国人大常委会授权后，选择有条件的地方开展试点。从宏观层面而言，司法改革顶层设计者提出完善认罪认罚从宽制度（以下简称认罪认罚制度）的改革举措，旨在推动刑事司法领域自上而下的体系化变革，建立和缓宽容、繁简分流的刑事司法制度，既有对刑事实体法的冲击和影响，也有对刑事诉讼程序多元化的更高要求。目前，有关部门并未就“认罪认罚制度”的概念给出权威性界定，学术界、司法界对此亦有不同解读。结合改革初衷、制度功能等内容，最高人民法院《关于全面深化人民法院改革的意见——人民法院第四个五年改革纲要（2014—2018)》指出：“明确被告人自愿认罪、自愿接受处罚、积极退赃退赔案件的诉讼程序、处罚标准和处理方式，构建被告人认罪案件和不认罪案件的分流机制，优化配置司法资源。”这是理解认罪认罚制度的一个合理角度。认罪认罚制度是建立在侦控机关指控犯罪嫌疑人、被告人有罪的基础上的一种制度，它适用于任何性质案件、诉讼程序类型，广泛存在于刑事诉讼过程中。[①]它不是脱离刑事实体法、程序法规范而独立存在的一项诉讼制度。

作为指导我国刑事司法实践的基础理念，宽严相济的刑事政策强调“根据犯罪的具体情况，实行区别对待，做到该宽则宽，当严则严，宽严相济，罚当其罪” “要正确把握宽与严的关系，切实做到宽严并用”。[②] 在我国，理解从宽处理，最为直接的是将其作为宽严相济的刑事司法政策的应有内涵。就此而言，从宽处理为贯彻宽严相济的刑事政策提供较为具体的、可供执行的规范依据。因此，完善认罪认罚制度成为当前推进我国刑事诉讼制度改革的有力举措之一。推动认罪认罚制度的深化发展，正突出彰显了宽严相济刑事政策的核心价值。认罪认罚制度与宽严相济的刑事政策紧密相连，但后者以原则化的政策形式存在，唯有将后者的政策内涵具化为法律制度并贯彻适用，方能凸显刑事政策的实践效果。同时，认罪认罚制度进一步改变以往从重从严打击犯罪的传统诉讼观，提倡刑事司法的人文情怀与理性关怀。可以说，认罪认罚制度是充分体现刑事政策精神的制度样本，是宽严相济刑事政策制度化的典型成果和体现。

由于认罪认罚制度与英美法系国家的辩诉交易制度有相似之处，而

---

① 参见陈卫东：《认罪认罚从宽制度研究》，载《中国法学》2016 年第 2 期，第 50 ~ 54 页。

② 参见《最高人民法院印发〈关于贯彻宽严相济刑事政策的若干意见〉的通知》，载最高人民法院网，http：//www. court. gov. cn/fabu-xiangqing-174. html，最后访问日期：2016 年 3 月 29 日。

我国法学理论界、实务界长期保持对辩诉交易制度研究的热情，且多有主张引入该制度的声音出现。那么，我国在推行认罪认罚制度之时，是否意味着必然推行美国式的辩诉交易制度？答案是否定的。辩诉交易制度作为美国处理刑事案件的主要方式，在美国大约有 90% 以上的案件以此种方式办结，即控辩双方通过交易的方式就定罪量刑讨价还价，以被告人的认罪达成某种协议，换取被告人从宽处罚的结果。不可否认，我国在推行认罪认罚制度中借鉴了某些合理因素，但二者是不同的。认罪认罚制度是我们党和国家长期贯彻实施的宽严相济刑事政策的体现，是该项政策的制度化新发展。① 认罪认罚制度以契合中国刑事司法实践需要、特点为基本导向，是具有中国特色的刑事司法制度。尽管不同国家的刑事司法及其运行有其普遍共性，但并不意味着我国推行的该项制度改革就是辩诉交易制度的翻版。同时我们还需认识到，美国的辩诉交易制度适用案件范围非常广泛，而且所交易的内容既包括罪名也包括罪数。而在我国的制度设计中，控辩双方的协商只能是在检察机关指控犯罪嫌疑人、被告人有罪的前提下，控辩双方就犯罪嫌疑人积极认罪而获得的可能优惠达成协议。在此过程中禁止交易罪名、罪数，应当是我们坚持的基本底线。此外，美国的辩诉交易很多是在案件事实有争议或者证据有疑问的情形下，换取被告人的轻罪轻罚认可，我们推行的认罪认罚必须在案件事实清楚、证据确实充分的条件下进行，不允许司法机关借认罪认罚之名，让犯罪嫌疑人、被告人承受事实不清、证据不足情形下的罪与罚，依此减轻或降低检察机关的证明责任。

（2）认罪认罚从宽政策制度化的展望

首先，完善“认罪认罚制度”启动权的相关规定。

“认罪认罚制度”的参与主体是多样化的，包括了所有的诉讼主体。“认罪认罚制度”的启动权无疑是该制度得以发挥作用的基础，谁有权提起或决定适用“认罪认罚从宽制度”，对于该制度来说就是第一个需

① 参见陈卫东：《认罪认罚从宽制度研究》，载《中国法学》2016 年第 2 期，第 51 ~ 52 页。

要解决的问题。

我国法律体系属大陆法系，和主要的大陆法系国家一样，我国的审判制度体现出职权主义的特点，因而刑事简易程序启动的权利也基本由法官决定。但是2012年刑事诉讼法赋予了被告人选择程序的权利，可以看作是对英美当事人主义模式的借鉴。因此，现在我国的诉讼制度呈现混合模式的特点。

但是，认罪认罚程序的启动权，还基本上保留在法官手中。虽然《刑事诉讼法》规定人民检察院可以建议人民法院适用认罪认罚程序，但2012年的最高人民法院的司法解释又规定法院有最终的决定权，对于不适合适用认罪认罚程序的案件，法院可以不采纳检察院的建议。同时，现在法律的规定只允许在审判阶段启动认罪认罚程序，即使犯罪人在庭审前就已经认罪认罚，仍然必须等到庭审阶段才能启动认罪认罚程序。

所以，未来我国应当扩大认罪认罚制度的适用范围，允许在其他诉讼阶段启动认罪认罚程序。如此一来就能及时简化案件或终止诉讼，“为实现庭审实质化创造有利条件”。并且，如果能够将认罪认罚程序的适用范围覆盖侦查、起诉、审判和执行的全过程，在保障犯罪嫌疑人、被告人程序选择权和基本人权的前提下，将大大加快案件进程。①

因此，法院的认罪认罚程序启动权应继续保留，同时赋予检察院和犯罪嫌疑人在不同诉讼阶段选择程序的权利。在侦查阶段，侦查机关应当告知犯罪嫌疑人有选择诉讼程序的权利及相关注意事项，如果犯罪嫌疑人表现出认罪认罚的诉求，侦查部门应及时向检察机关提出，并交由检察机关对是否符合认罪认罚从宽诉讼程序的条件进行审查。在审查起诉阶段，如果犯罪嫌疑人表现出认罪认罚的态度，检察机关在审查其是否符合适用条件后，决定是否启动认罪认罚程序。如果认定其符合认罪认罚从宽的条件，那么就可以对其作出不起诉或者附条件不起诉的决定。如果不满足条件的，则照常移交法院审理。如果犯罪嫌疑人在案件

① 参见左卫民、吕国凡：《完善被告人认罪认罚从宽处理制度的若干思考》，载《理论视野》2015年第4期，第39~41页。

移交法院后、开庭前提出认罪认罚，且满足相应条件的，检察院在起诉书中注明犯罪嫌疑人的相关请求，并建议法院启动认罪认罚程序。而在审判阶段，法院通过调查可以确认被告人是主动认罪并认罚的，可以自主决定启动认罪认罚从宽程序，从而大大简化庭审程序，将主要精力集中于量刑工作。

其次，规范“认罪”的认定和“从宽”的把握。

一般而言，如果同时符合认罪、认罚和积极事后弥补，从宽的力度自然更大。但实践中也可能存在只具备其中部分要素的情况。以认罪和认罚的关系为例，在只具备部分要素的情况下，如何在实体上从宽、程序上从简，则需要仔细考量。在同时满足“认罪”和“认罚”的情况下，犯罪嫌疑人、被告人的悔罪态度表现得最为明显，没有必要对其处以较重刑罚，可以对犯罪嫌疑人、被告人给予从宽处罚的量刑优惠。这是实体法上的意义。而从程序法的角度来看，“认罪认罚”的案件往往是事实清楚的案件，为了提高诉讼效率，在各个诉讼环节都可以加速案件办理进程，同时对诉讼活动进行适当简化。而对于不“认罪”也不“认罚”的案件，表明犯罪嫌疑人、被告人的悔罪程度不够，甚至没有悔罪表现，故从刑罚预防功能的角度来看，没有给予量刑优惠的可能；案件事实因犯罪嫌疑人、被告人的辩解而未查清时，为了保证案件质量，也不宜简化诉讼程序、压缩办案期限。

值得研究的是“认罪”但不“认罚”和不“认罪”但“认罚”两种情形。从诉讼程序上看，对于前者，当下的司法实践，似乎认为只要是对量刑有异议，就需要和对犯罪事实有异议的情况进行相同的处理，例如都不宜采取简易程序而应适用普通程序。事实上，一旦被告人在基本的价值观念上与法律的要求相左，无论采取怎样的程序，均不可能立即扭转；而诉讼时间的长短，投入司法资源的多少，也与案件的审判质量没有多大的关联。因此，在不涉及具体事实争议的“认罪但不认罚”案件中，也可考虑根据情况适用简易程序。之所以是“可以”适用，而非“应当”适用，理由在于，如果不“认罚”是因为对某些单纯影响量刑的事实有异议时，需要有必要的诉讼环节和一定的办案时间；而若不存在对量刑事实的辩解时，同样也可以适用简易程序。对于“认罚但不认罪”的情形，由于在影响犯罪认定的事实上就存在辩解，为了进一步查清案件事实，就不能适用简易程序，而应回归普通程序。在实体问题上，有学者甚至认为，“只要被告人对检察机关指控的犯罪事实和罪名予以认可，那么，即便被告人对检察机关提出的量刑建议提出了质疑和挑战，法院也应当做出宽大的刑事处罚”①。

当然更为复杂的是这两种情形的实体意义。如前所述，犯罪和刑罚之间尽管存在相互影响的关系，但无论是从逻辑上，还是从司法实践情况看，犯罪的认定都是首要的，如果解决不了定罪问题，也就不可能存在后续的选择法定刑幅度以及确定宣告刑的问题了。犯罪嫌疑人、被告人对犯罪事实的如实供述反映的是其悔罪态度，以及其配合诉讼活动开展的态度。这些都是对其人身危险性的反映，也是对其从宽处罚的事实依据。而如果犯罪嫌疑人、被告人只是泛泛地称自己愿意接受法律制裁，却不承认主要犯罪事实，一方面反映出其依然存在一定的人身危险性，甚至还有干扰诉讼进程的故意，另一方面也因为案件事实未能查清，无法简化诉讼进程，也无法享受到诉讼效率提高对其在量刑上的奖励，故也未必就能从宽处罚。当然，“不认罪但认罚”所反映出的人身危险性，显然要小于“既不认罪也不认罚”；同时，犯罪嫌疑人、被告人拒不认罪的动机、对具体某一事实的认识能力和认识程度等因素，均会影响到对其人身危险性的判断，从而在量刑上均应当有所区分。例如，有的犯罪嫌疑人、被告人基于干扰诉讼进程的心理提出针对事实的辩解，有的却是因认定某一犯罪所导致的前科附随效应、对其亲属的升学、就业产生负面影响而提出辩解。那么，前者的人身危险性程度显然大于后者。又如，同样是“不认罚但认罪”，具有法律专业知识的犯罪嫌疑人、被告人人身危险性显然要大于非专业人士，毕竟这会影响到违法性认识的程度。因此，对于“不认罪但认罚”的犯罪嫌疑人、被告

① 陈瑞华：《“认罪认罚从宽”改革的理论反思——基于刑事速裁程序运行经验的考察》，载《当代法学》2016 年第 4 期，第 5～6 页。

人，由于其人身危险性程度不同，在是否从宽处罚的问题上，不可一概而论，需要进行个案判断。

总之，“认罪”是判断人身危险性、决定是否从宽处罚的基础和关键，“认罚”的重要性相对较低甚至在有时显得无关紧要。正如我国学者所言：“基于认罪认罚制度设立的初衷，在犯罪嫌疑人、被告人自愿认罪的情况下，即便犯罪嫌疑人、被告人不认可检察机关的量刑建议，或者对量刑的种类和幅度提出异议，也应当对其适用从宽的刑事处罚。因为犯罪嫌疑人、被告人是否认可检察机关所建议的刑事处罚，并不影响其认罪态度的性质。”① 如果我们要根据量刑从宽的政策优惠程度进行排序，那么最高的显然是“认罪认罚”，其次是“认罪但不认罚”，再者是结合个案认为人身危险性相对较小的“不认罪但认罚”，最低是“不认罪也不认罚”。

既然认罪比认罚在认罪认罚制度中扮演着更为重要的角色，那么接下来的问题就在于积极进行事后损失弥补的地位如何界定。笔者认为，积极进行事后损失弥补具有从宽的意义，这既是因为这种行为能有效促进社会关系的修复，在一定程度上还能体现出犯罪嫌疑人、被告人的人身危险性小，同时也能减少附带民事诉讼、另行提起民事诉讼，有利于促进程序简化，也是一种值得奖励的行为。但从实际效果来看，积极进行事后损失弥补，更主要的作用还是在于平复被害人的报应感情，在降低一般预防必要性上发挥作用，即便认为这种事后行为也能反映特殊预防必要性，正如学者所言，“这或许并不是真正的量刑情节，而是判断行为人是否悔罪、再犯罪可能性是否减少的资料”②。由于对认罪认罚情节的判断，已经完成了对犯罪嫌疑人、被告人特殊预防必要性评估的主要内容，积极地事后弥补损失行为，只是对特殊预防性小的进一步印证而已。

---

① 张相军、顾永忠等：《检察环节认罪认罚从宽制度的适用与程序完善》，载《人民检察》2016 年第 9 期，第 42 ~ 44 页。

② 张明楷：《论犯罪后的态度对量刑的影响》，载《法学杂志》2015 年第 2 期，第2 ~ 4 页。

最后，处理好与“认罪认罚制度”相关或相似制度的关系。

“刑事和解制度”与“认罪认罚制度”在设置目的上，具有一定的相似性，在一定程度上都是以被告人的主动认罪来换取刑事案件办案效率的提高，以达到节约司法资源的目的。未来可以把“刑事和解”制度化为“认罪认罚制度”中的有机组成部分之一。刑事和解制度是一项贯穿整个刑事诉讼过程的认罪认罚制度，其不仅从程序上规定了认罪的相关表现，更将当事人间和解上升为影响量刑的实体法从宽情节。并且相对于其他认罪认罚制度，刑事和解在制度构建上以实现社会和谐为主要立法目的，侧重调整加害人与被害人之间的社会关系，强调对被害人的抚慰和保护，通过和解程序最大限度地修复犯罪所带来的损害，以期待加害人与被害人间关系的缓和，从而达到化解纠纷、惩罚犯罪的目的。在处理“刑事和解制度”与“认罪认罚制度”的关系时，我们可以将“刑事和解制度”作为落实“认罪认罚制度”的一个重要落脚点，特别是作为“认罪认罚制度”在进入刑事审判程序前的落脚点。在检察院审查起诉阶段，甚至是在公安机关侦查阶段，通过适用“刑事和解制度”，解决社会纠纷，以达到“认罪认罚制度”中最大限度地节约司法资源的目的。

简易程序适用的前提条件之一就是被告人必须承认自己罪行，即认罪。认罪与简易程序适用之间在程序上存在一种先后关系，即必须存在被告人认罪的事实后才有适用简易程序之可能。换言之，刑事简易程序可以理解为特定的案件范围内被告人、犯罪嫌疑人认罪之后可能选择适用的一种审判程序。也可以说，刑事诉讼简易程序是认罪认罚制度在程序法上的体现。在处理“认罪认罚制度”与刑事诉讼简易程序的关系之时，我们建议：可以将简易程序作为特定案件类型下“认罪认罚制度”在刑事诉讼法中的另一种程序性体现。将一些犯罪嫌疑人真心认罪悔罪，但因为不能得到被告人谅解从而无法适用“刑事和解”的案件，通过适用简易程序同样达到“认罪认罚制度”中优化配置司法资源的目的。

2012年修订后的《刑事诉讼法》扩大了简易程序的适用范围，使基层法院所审理的案件中，相当大一部分案件可以归入简易程序适用的范围，这使简易程序具有了更大的适用面和影响力，应当在诉讼程序中发挥更大的“示范效应”。这表现在：一是刑事简易程序应当成为所有简化审理案件的诉讼程序中的“普通程序”。对于刑事速裁程序中未能明确的事项，应当准用刑事简易程序的相关规定。二是刑事简易程序应当成为判断所有简化审理案件的诉讼程序好坏的“评价标准”。对于认罪案件而言，简易程序的繁杂程度，应当成为建立和完善刑事速裁程序的底线。如果未来的刑事速裁程序较之于刑事简易程序诉讼效益更低，则不能称为科学合理的诉讼程序。刑事速裁程序的直接来源是简易程序，可谓是“青出于蓝而胜于蓝”。刑事速裁程序的适用和评价，需要参照简易程序，但刑事速裁程序对于简易程序的科学化，同样具有重要促进作用。笔者认为，当前简易程序需要向速裁程序吸收的重要经验就在于“全流程从简”的做法：一方面，程序的简化不仅体现在审判阶段，对于案件事实清楚、争议不大的认罪案件，在侦查和审查起诉阶段也可以从简，从而进一步缩短诉讼流程；另一方面，我们应当看到，刑事速裁程序之所以能初见成效，得益于公检法司各单位的通力合作。因此在简易程序的完善过程中，也要打破“简易程序简化的只是法院审理程序”的观念，而应当积极吸纳刑事诉讼程序中的各办案机关，在保证案件质量、加快案件流转等方面共同施力。刑事案件是否能够简化审理，取决于两个因素，一是案件难易，二是刑罚轻重。刑事简易程序和刑事速裁程序均属于被告人认罪的诉讼程序，因此二者的区分主要在于刑罚轻重。当然，从我国的司法实践情况来看，案件性质（涉嫌的罪名）也成为重要的区分标准。不过，这种区分是相对的。根据追求诉讼效率的不同，决策者可以扩大或者缩小刑事速裁程序的适用范围，不过从当下的情况来看，总体依然是刑事速裁程序在不断挤占简易程序的地盘。但在未来，也可能出现刑事速裁程序范围缩小的可能，特别是在《刑事诉讼法》再次进行修改时，简易程序可能再次简化，到那时如何重新界定简易程序和速裁程序的关系，则需要再研究。

(二) 谨慎扩大犯罪圈

1. 注重内外制度相结合

由于内在制度在制度演变过程中的基础性地位，外在制度对于制度演变的影响通常来说需要配合内在制度才能很好地体现。例如，与一国民间惯例或道德相悖的法律，是很难让民众去遵守的，自然也不会对制度产生太大影响。因此外在制度通常需要引导内在制度改变，再通过内在制度去影响制度的演化。

在我国，对于刑事政策而言，如果想要通过内在制度影响制度演变，让规范人们行为的制度系统向刑事政策决策者们希望的方向运动，最直接和有效的方法就是进行刑事立法。因为如果把一种行为规定为犯罪或者不再把一种行为视为犯罪，将会对公众释放明显的信号，即某种行为是不应当做的或某种行为是可以做的。这种信息可以直接影响大众对某些行为的评价，进而影响整个道德体系。因此，我国近年来出现的犯罪圈扩大化的现象，是可以从这个角度进行合理解释的。

小犯罪圈最大的问题在于对内在制度的影响力不足。犯罪圈是我国设定的犯罪行为与非犯罪行为之间的界限。一旦一个行为被设定为犯罪，意味着国家对于该种行为给予了否定性的评价。这种官方评价同时会影响社会对这种行为的评价，即通过外在制度影响内在制度。然而在小犯罪圈的模式下，国家对公民行为的评价过少，将会导致公民无法对一些违规行为进行正确的评价，长此以往必然导致内在制度的偏斜。

大犯罪圈治理犯罪的好处主要有三点：首先，随着人类社会的进步，特别是人类文明和科学技术的发展，人类社会会随之出现新的行为，这些行为如果对他人和社会的权益造成损害，就必须通过法律予以规制，如果这样的行为的危害严重到一定程度，就需要刑法的介入，通过刑事法律对其进行制裁。例如，计算机刚刚被发明出来时，没有人会预想到一台小小的机器可以对人们的生活产生如此巨大的影响，当然更想不到有些人可以利用这台机器制造巨大的破坏。但是当计算机普及之后，利用计算机窃取各种信息，或是散播计算机病毒等行为，都对整个社会造成重大的损害，因此必须动用国家的刑罚权对这类行为进行惩戒，于是这些行为的犯罪化就是顺理成章的事。现在我们人类社会仍然在进步，科技进步的水平甚至是以前的几十上百倍，每天都有新的技术产生，这些新的事物对人类社会可能带来多大的危险谁也无法预测，但我们也不能抱着守株待兔的心态等待这些危险的发生，而要更加积极主动地去寻找危险可能发生的方式和范围，利用刑法对这些潜在威胁进行合理、适当的预防。其次，当犯罪门槛过高时，刑法中都是后果和危害性较为严重的行为。法律作为国家制定的指导公民行为的规范，会向人们传达出“国家只在意那些严重的违法行为”这样一种错误的信息，如果公民参照刑法而将自身的行为标准控制在不触犯刑法的临界限，就会造成公民行为标准过低的现象出现，道德的作用将被大大减弱。相反，如果犯罪圈扩大，犯罪门槛降低，那么当公民再次以刑法为标准确定自己行为准则的时候，与之前相比标准就会有所提高，同时可以与道德规范很好地衔接和互动，形成道德与法律的二元规范体系，共同发挥公民行为规范的作用。最后，如果犯罪的门槛过高，那么很多的轻微违法行为就会被交给行政法管控。然而与刑事处罚相比，行政处罚缺少正当程序的保证，而且无法有效地保护被处罚人的辩护权，甚至没有救济的途径。如果将大量的轻微违法案件交给行政法处理，无疑与我国现在正在进行的社会主义法治国家的建设相违背。因此，出于实现公正价值的考虑，也应当扩大犯罪圈，将轻微违法案件纳入刑法的调控范围，有利于对此类行为进行处罚时的公平与正义的实现。

2. 路径依赖

但是值得注意的是，制度在演变的过程中会出现路径依赖的情况。路径依赖就是指新的制度框架在形成过程中，需要旧的制度框架为其提供机遇，最终依靠累积的机会集合形成新制度的过程。一般来说，制度演化之所以会出现路径依赖的现象，是因为在共同体中存在一个共享的基本价值系统，基本规范相对稳定，满足威廉姆森所说的第一个层次制度的条件。在这种层次中，制度能够获得供其稳定发展的环境。

路径依赖的现象对于制度的演变来说有利有弊。如果我们希望通过外在制度影响制度演变的话，就必须考虑路径依赖的现象。因为制度系统具有一定的惯性，不是轻易能够改变的，就像一列高速行驶的火车，及时拉下刹车仍然会借由强大的惯性向前行驶。因此，制度的改变通常都是遵循着相当稳定的路径缓慢地进行。演化性调整，而非痉挛性转换，对于制度发挥节约信息成本的基本功能来说是必不可少的。[①] 对于刑事政策来说，犯罪圈只能够演化性调整，而不能进行痉挛性的突然转换。

贝卡里亚说“刑罚的规模应该与本国的状况相适应”。[②] 一个国家犯罪圈的大小能够充分体现一个国家的社会状况。现在我国犯罪率居高不下，新型违法犯罪行为层出不穷，此时如果继续紧缩犯罪圈，将是不合时宜的；同时，在刑罚轻缓化的国际潮流面前，我国需要对现有的刑罚结构进行调整，建立犯罪分层制度，这都需要以扩大犯罪圈为前提。因此，我国未来需要对犯罪进行分层处理，扩大犯罪圈，并从立法、司法和执行层面进行配套改革。

首先，适当增设新罪名。虽然刑法应当保持谦抑性，不应过多干涉人们的生活。但是增加罪名与保持谦抑性并不是必然矛盾的。从刑法的发展历史来看，世界各国的刑法都在不断地增添新的罪名，这与人类社会发展越来越繁盛是直接相关的。生产力的提高为人们行为创造了更多的可行性，同时也会带来新的犯罪行为。如果不能及时对这些新型的犯罪行为作出反应，那么刑法就不能完成其最基本的任务。同时，增加新的罪名，并不必然意味着刑罚适用范围的扩大。由于我国没有犯罪分层制度，因此刑法中规定的罪名都是较为严重的犯罪行为。而对于轻微的违法行为，传统做法是交给行政法进行处罚。与行政处罚相比，刑事处罚具备更严格的适用程序，为行为人提供更加严格的人权保护，这些都是有利于行为人的。而且与行政处罚相比，刑罚有可能还相对较为轻缓。因此，即使有些罪名在刑法上属于新罪名，但所规制的行为之前已

---

① 参见［德］柯武刚、［德］史漫飞：《制度经济学——社会秩序与公共政策》，韩朝华译，商务印书馆2000年版，第476页。

② 参见［意］切萨雷·贝卡里亚：《论犯罪与刑罚》，黄风译，北京大学出版社2008年版，第112页。

经属于应当被处罚的行为。将这部分行为纳入刑法，不仅不会扩大刑罚的适用范围，反而可以为行为人提供更高规格的人权保护。

其次，建立轻罪前科消灭制度。对于我国刑罚制度而言，虽然存在管制、拘役等较为轻缓的刑罚，但是由于我国犯罪前科制度为犯罪人带来的隐形惩罚过于沉重，因而即使是最轻的刑罚也会给犯罪人带来巨大的负担。在我国，一旦一个人被判处了刑事处罚，从此就成为有前科的“犯人”，即使他可能只是被管制或拘役，一天都没有进过监狱，但是他从此将背负着“犯人”的标签在社会上生活。而国家对待犯罪人也非常严厉，任何受过刑事处罚的公民都将永远失去部分权利，如工作机会、教育机会，甚至不能从军服役。如此严苛的限制，使我国的犯罪人在刑罚执行完毕之后很难真正回归社会。更让人绝望的是，这样的歧视将会伴随他们的余生，而他们却没有任何办法做出改变，哪怕一名犯罪人从此以后真的改过自新，并且做出巨大成就，也无法将这样的记录消除。

因此，无论出于人道主义的考虑，还是为了犯罪人能够顺利地回归社会，我国都应该建立前科消灭制度。应当允许犯罪人满足一定条件时，司法机关永远消灭其前科记录，或者将其限制在一定的可见范围。当然，这种消灭制度只是面向社会与公众的，国家可以保留不公示的备份记录。我国显然已经意识到了先行前科制度的危害，《刑法修正案(八)》中对未成年人免除前科报告义务的规定，表明国家已经开始尝试改变现有的前科制度，以更加人性化的方式进行前科管理。

在没有构建好犯罪圈扩大化配套制度时，一定要谨慎地进行犯罪圈扩大化工作。因为任何事物都不是独立运作的。即使犯罪圈扩大化有诸多好处，也需要其他制度的配合才能够体现。盲目地、痉挛式地进行犯罪圈扩大化，在我国重刑思想尚未明显转变的社会背景下，无疑是一场灾难。

结 语

总体而言，本研究的着眼点在于与那些致力于犯罪治理行动并寻求良性解决方案的人们，无论是侧重于观察、批判与建构的研究者，还是那些参与到犯罪治理行动的政策制定者、执行者或者说刑事法律实务工作者，共同建构起一套制度化的思维模式与行动方法。我们既要探索（假设）某一刑事政策及其过程应如何制度化地展开，同时还具体分析现有的刑事政策及相关刑事问题是否符合我们所假定的制度范式；探究我们能够在多大程度上将刑事政策转化为一种“好制度”，而不是仅仅依靠未经检验的直觉或观念来使用刑事政策。在对刑事政策进行思辨的过程中，制度化之诉求不仅代表了一种进步思维与行动模式，更体现出人类社会在演进过程中寻求解决问题最优方案的积极态度与强烈愿望。可以肯定的是，围绕刑事政策制度化建构所进行的思考，将会拓宽我们的视野，从更宽广的角度来看待刑事政策与犯罪治理中的相关问题。我们在刑事政策系统建构中对新制度经济学的回应，凝练理想的刑事政策制度系统；而从刑事政策的实践来看，用新制度经济学的相关理论，对我国现行刑事政策制度的有效性和演化进行考察，并提出针对性意见。同时，本书能够运用模式思维与程序来看待与检视诸多层面的刑事政策问题。其中，对司法改革的讨论中，基于制度的有效性之普适性，确立司法统一应是司法改革的最终落脚点（一般性）；提出应当对宽严相济的刑事政策重新定位，对于我国现行的刑事政策也应该进行更精细的分解，从而能够让公众以及司法工作者清晰地理解和使用相关刑事政策（确定性）；建议我国应慎重地进行酌定量刑情节法定化的工作，保证法官的自由裁量权，并建立酌定量刑情节与法定量刑情节之间的升级机制（开放性）。基于制度系统相关理论，在前人研究的基础上构建了完整的刑事政策系统模型，并根据模型分析，构建我国失信行为惩戒刑事政策系统。基于制度演变的理论，提出我国刑事政策应当大力提高刑事政策主体的多元性，重视社会主体的作用，提高内在制度的政策地位，通过内在制度引导制度演变；在我国犯罪圈扩大化的过程中，应坚持循序渐进的方式，逐步扩大，而不应采取痉挛式的突然转变。当然，本书对于刑事政策科学建构的命题所作出的解答是粗浅的，对于博大精深且精益求精的政策科学，还要更为深入地去吸取其中的理论精华。本书所尝试的科学建构也必然存在不足之处，有待研究的跟进与深入，更有待实践检验与批判。但是可以肯定的是，在刑事政策研究中的追求与努力，具备科学的基本品性，符合科学化之应有内涵。

参考文献

一、中文著作类

[1] 崔英楠：《德国政党依法执政的理论与实践》，中国社会科学出版社 2009 年版。

[2] 陈兴良：《刑法哲学》，中国政法大学出版社 2004 年版。

[3] 陈兴良主编：《中国刑事政策检讨：以“严打”刑事政策为视角》，中国检察出版社 2004 年版。

[4] 陈兴良主编：《宽严相济刑事政策研究》，中国人民大学出版社 2007 年版。

[5] 陈振明主编：《政策科学——公共政策分析导论》（第 2 版），中国人民大学出版社 2004 年版。

[6] 陈瑞华：《问题与主义之间：刑事诉讼基本问题研究》，中国人民大学出版社 2008 年版。

[7] 陈瑞华：《程序正义理论》，中国法制出版社 2010 年版。

[8] 储槐植等：《刑法机制》，法律出版社 2004 年版。

[9] 储槐植：《刑事一体化论要》，北京大学出

版社 2007 年版。

［10］储槐植、江溯：《美国刑法》（第 4 版），北京大学出版社 2012 年版。

［11］高铭暄等撰：《新中国刑法科学简史》，中国人民公安大学出版社 1993 年版。

［12］高铭暄：《刑法肄言》，法律出版社 2004 年版。

［13］高铭暄：《中华人民共和国刑法的孕育诞生与发展完善》，北京大学出版社 2012 年版。

［14］高铭暄、马克昌主编：《刑法学》（第 5 版），北京大学出版社 2011 年版。

［15］高铭暄、赵秉志：《中国刑法立法之演进》，法律出版社 2007 年版。

［16］何秉松主编：《刑事政策学》，群众出版社 2002 年版。

［17］胡云腾：《存与废——死刑基本理论研究》，中国检察出版社 2000 年版。

［18］胡联合：《转型与犯罪——中国转型期犯罪问题的实证研究》，中共中央党校出版社 2006 年版。

［19］侯宏林：《刑事政策的价值分析》，中国政法大学出版社 2005 年版。

［20］黄萃：《政策文献量化研究》，科学出版社 2016 年版。

［21］蒋熙辉等：《刑事政策之反思与改进》，中国社会科学出版社 2008 年版。

［22］雷小政：《民生与民声——刑事法的返璞归真》，法律出版社 2012 年版。

［23］梁根林：《刑事政策：立场与范畴》，法律出版社 2005 年版。

［24］梁根林：《刑事法网：扩张与限缩》，法律出版社 2005 年版。

［25］梁根林：《刑事制裁：方式与选择》，法律出版社 2006 年版。

［26］黎宏：《刑法总论问题思考》，中国人民大学出版社 2007 年版。

［27］刘伯龙、竺乾威主编：《当代中国公共政策》，复旦大学出版社 2000 年版。

［28］刘广三：《犯罪现象论》，北京大学出版社 1996 年版。

［29］刘沛谞：《宽严相济刑事政策系统论》，中国人民公安大学出版社 2010 年版。

［30］刘仁文：《刑事政策初步》，中国人民公安大学出版社 2004 年版。

［31］刘仁文：《刑事一体化下的经济分析》，中国人民公安大学出版社 2007 年版。

［32］刘树德：《政治刑法学》，中国法制出版社 2011 年版。

［33］刘远、王大海主编：《行政执法与刑事司法衔接机制论要》，中国检察出版社 2006 年版。

［34］刘远：《刑事政策哲学解读》，中国人民公安大学出版社 2005 年版。

［35］李汉军：《论犯罪观》，中国方正出版社 2001 年版。

［36］李卫红：《刑事政策学的重构及展开》，北京大学出版社 2008 年版。

［37］卢建平：《刑事政策与刑法》，中国人民公安大学出版社 2004 年版。

［38］卢建平主编：《有组织犯罪比较研究——当代新型犯罪比较研究》，法律出版社 2004 年版。

［39］卢建平主编：《中国刑事政策研究综述》，中国检察出版社 2009 年版。

［40］卢建平：《刑事政策与刑法变革》，中国人民公安大学出版社 2011 年版。

［41］卢建平主编：《刑事政策学》（第 2 版），中国人民大学出版社 2013 年版。

［42］卢建平等：《刑事政策与刑法完善》，北京师范大学出版社 2014 年版。

［43］卢建平主编：《刑事政策评论》2006年第1卷（总第1卷），中国方正出版社2007年版。

［44］卢建平、徐汉明主编：《京师刑事政策评论》（第2卷），北京师范大学出版社2008年版。

［45］卢建平主编：《京师刑事政策评论》（第3卷），北京师范大学出版社2010年版。

［46］卢现祥：《寻找一种好制度：卢现祥制度分析文选》，北京大学出版社2012年版。

［47］马克昌：《比较刑法原理——外国刑法学总论》，武汉大学出版社2002年版。

［48］马克昌：《近代西方刑法学说史》，中国人民公安大学出版社2008年版。

［49］马克昌：《宽严相济刑事政策研究》，清华大学出版社2012年版。

［50］马跃：《美国刑事司法制度》，中国政法大学出版社2004年版。

［51］钱弘道主编：《中国法治实践学派》（2014年卷·总第1卷），法律出版社2014年版。

［52］曲新久：《刑事政策的权力分析》，中国政法大学出版社2002年版。

［53］田兴洪：《宽严相济语境下的轻罪刑事政策研究》，法律出版社2010年版。

［54］时延安、薛双喜编著：《中国刑事政策专题整理》，中国人民公安大学出版社2010年版。

［55］孙万怀：《在制度和秩序的边际：刑事政策的一般理论》，北京大学出版社2008年版。

［56］汪明亮：《社会资本与刑事政策》，北京大学出版社2011年版。

［57］汪明亮：《定罪量刑社会学模式》，中国人民公安大学出版社

2007 年版。

［58］汪明亮等：《宽严相济刑事政策研究：理论与基层检察实践的双重考察》，中国人民公安大学出版社 2010 年版。

［59］汪明亮：《刑事政策研究新视角》，法律出版社 2008 年版。

［60］王宪磊主编：《科学决策和信息管理》，社会科学文献出版社 2008 年版。

［61］王锡锌：《公众参与和行政过程——一个理念和制度分析的框架》，中国民主法制出版社 2007 年版。

［62］卫磊：《刑事政策的理性与实践》，吉林人民出版社 2008 年版。

［63］卫磊：《刑事政策的当代发展》，中国法制出版社 2010 年版。

［64］伍启元：《公共政策》，商务印书馆 1989 年版。

［65］吴宗宪主编：《社区矫正导论》，中国人民大学出版社 2011 年版。

［66］吴宗宪：《西方犯罪学》（第 2 版），法律出版社 2007 年版。

［67］吴宗宪：《西方犯罪学史》（第 2 版）（第 1 卷至第 4 卷），中国人民公安大学出版社 2010 年版。

［68］习近平：《之江新语》，浙江人民出版社 2007 年版。

［69］谢瑞智：《犯罪学与刑事政策》，台北，文笙书局 1996 年版。

［70］谢宇：《社会学方法与定量研究》，社会科学文献出版社 2006 年版。

［71］肖剑鸣、皮艺军主编：《罪之鉴——世纪之交中国犯罪学基础理论研究》，群众出版社 2000 年版。

［72］肖建国：《中国现代化进程中的犯罪研究》，复旦大学出版社 1999 年版。

［73］肖怡：《无被害人犯罪的刑事政策与刑事立法研究》，中国方正出版社 2008 年版。

［74］许福生：《刑事政策学》，中国民主法制出版社 2006 年版。

［75］许福生：《变动时期的刑事政策》，中央警察大学出版社 2003

年版。

[76] 徐久生:《德语国家的犯罪学研究》,中国法制出版社 1999 年版。

[77] 许秀中:《刑事政策系统论》,中国长安出版社 2008 年版。

[78] 严励:《中国刑事政策的建构理性》,中国政法大学出版社 2010 年版。

[79] 严励等:《中国刑事政策原理》,法律出版社 2011 年版。

[80] 颜九红:《为了弱者的正义:和谐社会构筑中刑事政策的价值取向》,中国检察出版社 2009 年版。

[81] 叶希善:《犯罪分层研究——以刑事政策和刑事立法意义为视角》,中国人民公安大学出版社 2008 年版。

[82] 俞可平等:《中国公民社会的兴起与治理的变迁》,社会科学文献出版社 2002 年版。

[83] 阴建峰:《现代赦免制度论衡》,中国人民公安大学出版社 2006 年版。

[84] 曾粤兴:《刑法学方法的一般理论》,人民出版社 2005 年版。

[85] 翟中东:《刑罚问题的社会学思考:方法及运用》,法律出版社 2010 年版。

[86] 张军、赵秉志主编:《宽严相济刑事政策司法解读:最高人民法院〈关于贯彻宽严相济刑事政策的若干意见〉的理解与适用》,中国法制出版社 2011 年版。

[87] 张可创主编:《犯罪学的实证研究方法》,广西师范大学出版社 2009 年版。

[88] 张明楷:《法益初论》,中国政法大学出版社 2000 年版。

[89] 张明楷:《刑法格言的展开》(第 3 版),北京大学出版社 2013 年版。

[90] 张国庆:《现代公共政策导论》,北京大学出版社 1997 年版。

[91] 张小虎:《转型期中国社会犯罪原因探析》,北京师范大学出版社 2002 年版。

[92] 张小虎：《当代中国社会结构与犯罪》，群众出版社 2009 年版。

[93] 周敬青主编：《中德政党理论与实践研究》，中共中央党校出版社 2006 年版。

[94] 张远煌主编：《宽严相济刑事政策与刑法改革研究》，中国人民公安大学出版社 2010 年版。

[95] 赵秉志：《刑法基本问题》，北京大学出版社 2010 年版。

[96] 赵秉志：《罪刑总论问题》，北京大学出版社 2010 年版。

[97] 赵秉志：《外向刑法问题》，北京大学出版社 2010 年版。

[98] 赵秉志：《当代刑法问题》，中国人民大学出版社 2014 年版。

[99] 赵秉志：《死刑改革之路》，中国人民大学出版社 2014 年版。

[100] 周建军：《刑事司法政策原理》，清华大学出版社 2011 年版。

二、中文论文类

[1] 北京市海淀区人民法院课题组等：《关于北京海淀全流程刑事案件速裁程序试点的调研——以认罪认罚为基础的资源配置模式》，载《法律适用》2016 年第 4 期。

[2] 陈兴良：《刑法教义学与刑事政策的关系：从李斯特鸿沟到罗克辛贯通　中国语境下的展开》，载《中外法学》2013 年第 5 期。

[3] 陈兴良：《严打利弊之议》，载《河南省政法管理干部学院学报》2004 年第 5 期。

[4] 程同顺：《略论中国共产党党规党纪建设的成绩与不足》，载《人民论坛》2014 年第 35 期。

[5] 程同顺：《党规党纪法治化建设的里程碑》，载《武汉大学学报（人文科学版）》2016 年第 1 期。

[6] 陈家喜、黄卫平：《西方一些发达国家党纪监督的做法及其启示》，载《当代世界与社会主义》2014 年第 1 期。

[7] 陈在上：《轻微刑事案件侦、捕、诉联动机制构建》，载《河南教育学院学报（哲学社会科学版）》2014 年第 1 期。

[8] 陈卫东：《认罪认罚从宽制度研究》，载《中国法学》2016 年

第 2 期。

［9］陈卫东：《中国司法体制改革的经验——习近平司法体制改革思想研究》，载《法学研究》2017 年第 5 期。

［10］邓立军、张斌：《意大利刑事侦查制度的改革与嬗变——兼论对我国的启示与借鉴》，载《河北法学》2004 年第 9 期。

［11］丁郁、周海川：《我国优化营商环境成效评估与建议》，载《宏观经济管理》2020 年第 2 期。

［12］董彪、李仁玉：《我国法治化国际化营商环境建设研究——基于〈营商环境报告〉的分析》，载《商业经济研究》2016 年第 13 期。

［13］代山庆：《论习近平社会治理思想》，载《学术探索》2015 年第 3 期。

［14］郭理蓉：《刑罚政策的概念、功能及模式》，载《中国刑事法杂志》2006 年第 2 期。

［15］公丕祥：《习近平法治思想述要》，载《法律科学（西北政法大学学报）》2015 年第 5 期。

［16］黄进：《习近平全球治理与国际法治思想研究》，载《中国法学》2017 年第 5 期。

［17］胡建淼：《习近平新时代中国特色社会主义思想对依法治国基本方略的全面深化》，载《国家行政学院学报》2018 年第 1 期。

［18］江必新、郑礼华：《全面深化改革与法治政府建设的完善》，载《法学杂志》2014 年第 1 期。

［19］刘广三、李艳霞：《我国刑事速裁程序试点的反思与重构》，载《法学》2016 年第 2 期。

［20］刘海霞、王宗礼：《习近平生态思想探析》，载《贵州社会科学》2015 年第 3 期。

［21］凌斌：《当代中国法治实践中的“法民关系”》，载《中国社会科学》2013 年第 1 期。

［22］卢建平：《犯罪统计与犯罪治理的优化》，载《中国社会科学》2021 年第 10 期。

［23］卢建平、张旭辉：《刑事政策的概念与方法》，载《中南大学学报（社会科学版）》2004 年第 1 期。

［24］卢建平、莫晓宇：《刑事政策体系中的民间社会与官方（国家）——一种基于治理理论的场域界分考察》，载《法律科学（西北政法学院学报）》2006 年第 5 期。

［25］卢建平：《死刑政策的科学表达》，载《中外法学》2015 年第 3 期。

［26］卢建平：《风险社会的刑事政策与刑法》，载《法学论坛》2011 年第 4 期。

［27］卢建平：《犯罪门槛下降及其对刑法体系的挑战》，载《法学评论》2014 年第 6 期。

［28］卢建平、朱贺：《酌定量刑情节法定化的路径选择及评析——以我国〈刑法〉第 383 条第 3 款为例》，载《政治与法律》2016 年第 3 期。

［29］罗小芳、卢现祥：《制度演化的层次及其设计分析》，载《江汉论坛》2007 年第 9 期。

［30］李迅华、刘拥：《法国刑事和解制度及其借鉴》，载《中国刑事法杂志》2008 年第 6 期。

［31］李本灿：《企业犯罪预防中合规计划制度的借鉴》，载《中国法学》2015 年第 5 期。

［32］李林：《开启新时代中国特色社会主义法治新征程》，载《环球法律评论》2017 年第 6 期。

［33］李安增、朱辰晨：《习近平治国理政思想的传统文化意蕴》，载《当代世界与社会主义》2016 年第 4 期。

［34］赖早兴：《国外行刑社会化及我国行刑社会化之完善》，载《福建公安高等专科学校学报——社会公共安全研究》2002 年第 1 期。

［35］刘玫、鲁杨：《我国刑事诉讼简易程序再思考》，载《法学杂志》2015 年第 11 期。

［36］吕忠梅：《习近平新时代中国特色社会主义生态法治思想研

究》，载《江汉论坛》2018 年第 1 期。

［37］吕忠梅：《习近平法治思想的生态文明法治理论》，载《中国法学》2021 年第 1 期。

［38］毛立新：《联合国关于死刑的政策和立场——联合国人权高专办考察报告》，载《河北法学》2014 年第 4 期。

［39］莫纪宏：《国家治理体系和治理能力现代化与法治化》，载《法学杂志》2014 年第 4 期。

［40］莫纪宏：《“四个全面”：习近平治国理政思想的精髓》，载《新疆师范大学学报（哲学社会科学版）》2015 年第 3 期。

［41］莫纪宏：《论习近平新时代中国特色社会主义生态法治思想的特征》，载《新疆师范大学学报（哲学社会科学版）》2018 年第 2 期。

［42］马松建：《宽严相济视野下的死刑司法控制》，载《河南师范大学学报（哲学社会科学版）》2008 年第 3 期。

［43］马怀德：《论习近平法治思想中的法治政府理论》，载《政法论坛》2020 年第 6 期。

［44］欧阳景根：《作为制度变革的法治建设模式——一种统摄性法治理论的建构》，载《政治学研究》2015 年第 4 期。

［45］裴长洪、李程骅：《习近平经济思想的理论创新与实践指导意义》，载《南京社会科学》2015 年第 2 期。

［46］齐晓伶：《刑事政策科学化界定》，载《中国刑事法杂志》2013 年第 11 期。

［47］苏惠渔、孙万怀：《“严打”方针的刑法学思考》，载《法学》2002 年第 1 期。

［48］孙世彦：《从联合国报告和决议看废除死刑的国际现状和趋势》，载《环球法律评论》2015 年第 5 期。

［49］孙志伟：《意大利认罪协商程序及其对刑事案件速裁程序的启示》，载《河北法学》2016 年第 4 期。

［50］孙万怀：《宽严相济刑事政策应回归为司法政策》，载《法学研究》2014 年第 4 期。

［51］石云霞：《习近平依法治国思想研究》，载《思想理论教育导刊》2015 年第 2 期。

［52］上官丕亮：《废除死刑的宪法学思考》，载《法商研究》2007 年第 3 期。

［53］王牧、赵宝成：《“刑事政策”应当是什么？——刑事政策概念解析》，载《中国刑事法杂志》2006 年第 2 期。

［54］王长水、曹晓可：《刑事案件速裁程序之初探》，载《公民与法（法学版）》2014 年第 11 期。

［55］王乐泉：《坚持和发展中国特色社会主义法治理论》，载《中国法学》2015 年第 5 期。

［56］王晨：《习近平法治思想是马克思主义法治理论中国化的新发展新飞跃》，载《中国法学》2021 年第 2 期。

［57］吴传毅：《习近平法治思想的基本构架》，载《中共福建省委党校学报》2014 年第 8 期。

［58］徐汉明、林必恒等：《深化司法体制改革的理念、制度与方法》，载《法学评论》2014 年第 4 期。

［59］徐汉明：《推进国家与社会治理法治化》，载《法学》2014 年第 11 期。

［60］徐汉明：《习近平社会治理法治思想研究》，载《法学杂志》2017 年第 10 期。

［61］向朝阳、马静华：《刑事和解的价值构造及中国模式的构建》，载《中国法学》2003 年第 6 期。

［62］熊秋红：《刑事简易速裁程序之权利保障与体系化建构》，载《人民检察》2014 年第 17 期。

［63］杨国荣：《科学与科学主义》，载《上海社会科学院学术季刊》1999 年第 2 期。

［64］严励：《“严打”刑事政策的理性审读》，载《上海大学学报（社会科学版）》2004 年第 4 期。

［65］喻贵英：《欧洲死刑废除的启示》，载《法学评论》2006 年第

3 期。

［66］叶圣彬：《论刑事速裁量刑观——从“认罪认罚”到“从快从宽”的内在逻辑》，载《法律适用》2016 年第 6 期。

［67］张志铭、于浩：《共和国法治认识的逻辑展开》，载《法学研究》2013 年第 3 期。

［68］张志刚：《第三方文化：组织有效参与社会治理的精神支撑》，载《大连理工大学学报（社会科学版）》2014 年第 3 期。

［69］张文显：《中国特色社会主义法治理论的科学定位》，载《法学》2015 年第 11 期。

［70］张文显：《习近平法治思想研究（上）——习近平法治思想的鲜明特征》，载《法制与社会发展》2016 年第 2 期。

［71］张文显：《习近平法治思想研究（中）——习近平法治思想的一般理论》，载《法制与社会发展》2016 年第 3 期。

［72］张文显：《习近平法治思想研究（下）——习近平全面依法治国的核心观点》，载《法制与社会发展》2016 年第 4 期。

［73］张文显：《法治中国建设的前沿问题》，载《中共中央党校学报》2014 年第 5 期。

［74］张文显：《习近平法治思想的理论体系》，载《法制与社会发展》2021 年第 1 期。

［75］张文显：《习近平法治思想的基本精神和核心要义》，载《东方法学》2021 年第 1 期。

［76］赵秉志：《中国短期内能否废止死刑问题要论》，载《法学杂志》2009 年第 8 期。

［77］赵秉志：《中国死刑立法改革新思考——以〈刑法修正案（九）（草案）〉为主要视角》，载《吉林大学社会科学学报》2015 年第 1 期。

［78］周淑真、袁野：《论国家法律与党纪党规关系之协调——以当代德国为例》，载《中共中央党校学报》2015 年第 3 期。

［79］周淑真：《以治标促治本——党规党纪的制度创新》，载《武

汉大学学报（人文科学版）》2016 年第 1 期。

［80］周建军：《中国民营企业家犯罪治理的刑事政策研究》，载《政治与法律》2012 年第 7 期。

［81］周汉华：《习近平互联网法治思想研究》，载《中国法学》2017 年第 3 期。

［82］朱贺、张舒迪：《“新常态”下征信系统在社会综合治理中的定位和作用》，载《征信》2015 年第 10 期。

［83］最高人民法院刑一庭课题组、沈亮：《关于刑事案件速裁程序试点若干问题的思考》，载《法律适用》2016 年第 4 期。

［84］甄贞、熊秋红等：《刑事案件速裁程序的试点探索与理论建构》，载《人民检察》2015 年第 19 期。

［85］左卫民、吕国凡：《完善被告人认罪认罚从宽处理制度的若干思考》，载《理论视野》2015 年第 4 期。

［86］张相军、顾永忠等：《检察环节认罪认罚从宽制度的适用与程序完善》，载《人民检察》2016 年第 9 期。

［87］张明楷：《论犯罪后的态度对量刑的影响》，载《法学杂志》2015 年第 2 期。

三、学位论文

［1］常秀娇：《刑事政策社会化研究》，北京师范大学 2013 年博士学位论文。

［2］何挺：《“严打”刑事政策研究》，中国政法大学 2008 年博士学位论文。

［3］翁小平：《犯罪统计研究：理论展开与实践反思》，北京师范大学 2012 年博士学位论文。

［4］姜瀛：《政策科学视野下刑事政策的科学建构》，北京师范大学 2015 年博士学位论文。

［5］许美：《酌定量刑情节规范适用研究》，华东政法大学 2014 年博士学位论文。

四、外文译著

[1] [澳] 亚当·苏通、[澳] 阿德里恩·切尼、[澳] 罗伯·怀特:《犯罪预防:原理、观点与实践》,赵赤译,中国政法大学出版社2012年版。

[2] [德] 阿图尔·考夫曼:《后现代法哲学——告别演讲》,米健译,法律出版社2000年版。

[3] [德] 哈贝马斯:《公共领域的结构转型》,曹卫东等译,学林出版社1999年版。

[4] [德] 拉德布鲁赫:《法学导论》,米健、朱林译,中国大百科全书出版社1997年版。

[5] [德] 弗兰茨·冯·李斯特:《德国刑法教科书》,徐久生译,法律出版社2000年版。

[6] [德] 克劳斯·罗克辛:《刑事政策与刑法体系》,蔡桂生译,中国人民大学出版社2011年版。

[7] [德] 马克斯·韦伯:《论经济与社会中的法律》,张乃根译,中国大百科全书出版社1998年版。

[8] [俄] C. C. Босхолов:《刑事政策的基础》,刘向文译,郑州大学出版社2002年版。

[9] [法] E. 迪尔凯姆:《社会学方法的准则》,狄玉明译,商务印书馆1995年版。

[10] [法]安塞尔:《新刑法理论》,卢建平译,天地图书公司1990年版。

[11] [法] 米海依尔·戴尔玛斯—马蒂:《刑事政策的主要体系》,卢建平译,法律出版社2000年版。

[12] [法]米歇尔·福柯:《规训与惩罚》,刘北成、杨远婴译,三联书店1999年版。

[13] [法] 雅克·博里康、朱琳编著:《法国当代刑事政策研究及借鉴》,中国人民公安大学出版社2011年版。

[14] [美]埃德温·萨瑟兰、[美] 唐纳德·克雷西、[美] 戴维·

卢肯比尔:《犯罪学原理》,吴宗宪等译,中国人民公安大学出版社 2009 年版。

[15] [美] 艾尔·巴比:《社会研究方法》,邱泽奇译,华夏出版社 2009 年版。

[16] [美] 罗纳德·J. 博格、小马文·D. 弗瑞、帕特里克亚·瑟尔斯:《犯罪学导论——犯罪、司法与社会》,刘仁文、颜九红、张晓艳译,清华大学出版社 2009 年版。

[17] [美] 罗科斯·庞德:《通过法律的社会控制》,沈宗灵译,商务印书馆 2008 年重印。

[18] [美] 诺内特、[美] 塞尔兹尼克:《转变中的法律与社会:迈向回应型法》,张志铭译,中国政法大学出版社 2004 年版。

[19] [美] 小罗杰·皮尔克:《诚实的代理人——科学在政策与政治中的意义》,李正风、缪航译,上海交通大学出版社 2010 年版。

[20] [美] 斯蒂芬·E. 巴坎:《犯罪学:社会学的理解》,秦晨等译,上海人民出版社 2011 年版。

[21] [美] 昂格尔:《现代社会中的法律》,吴玉章、周汉华译,中国政法大学出版社 1994 年版。

[22] [美] 埃德加·E. 博登海默:《法理学:法哲学及其方法》,邓正来译,中国政法大学出版社 1998 年版。

[23] [德] 柯武刚、[德] 史漫飞:《制度经济学——社会秩序与公共政策》,韩朝华译,商务印书馆 2000 年版。

[24] [美] 克朗:《系统分析和政策科学》,陈东威译,商务印书馆 1985 年版。

[25] [日] 大谷实:《刑事政策学(新版)》,黎宏译,中国人民大学出版社 2009 年版。

[26] [日] 森本益之等:《刑事政策学》,戴波、江溯、丁婕译,中国人民公安大学出版社 2004 年版。

[27] [瑞士] 让·皮亚杰:《人文科学认识论》,郑文彬译,中央编译出版社 1999 年版。

［28］［意］恩里科·菲利：《犯罪社会学》，郭建安译，中国人民公安大学出版社 2004 年版。

［29］［英］克莱夫·科尔曼、［英］詹尼·莫尔罕：《解读犯罪统计数据：揭示犯罪暗数》，靳高风等译，中国人民公安大学出版社 2009 年版。

［30］［英］皮特·雷诺、［英］莫里斯·范斯顿：《解读社区刑罚：缓刑、政策和社会变化》，刘强、王贵芳译，中国人民公安大学出版社 2009 年版。

［31］［日］大谷实：《刑事政策学》，黎宏译，法律出版社 2000 年版。

［32］［英］韦恩·莫里森：《理论犯罪学——从现代到后现代》，刘仁文、吴宗宪等译，法律出版社 2004 年版。

［33］［英］休斯：《解读犯罪预防：社会控制、风险与后现代》，刘晓梅、刘志松译，中国人民公安大学出版社 2009 年版。

［34］［英］朱利安·罗伯茨、［英］麦克·豪夫：《解读社会公众对刑事司法的态度》，李明琪等译，中国人民公安大学出版社 2009 年版。

五、外文文献

［1］Sven Steinmo et al. , *Structuring Politics*：*Historical Institutionalism in Comparative Analysis*，Cambridge University Press，1992.

［2］Oliver Williamson，*The New Institutional Economics*：*Taking Stock*，*Looking Ahead*，Journal of Economic Issues 38，2008.

［3］Roger Hood，*The Death Penalty*：*A Worldwide Perspective*，Oxford University Press，2002.

［4］Nancy Rodriguez，*Restorative Justice at Work*：*Examining the Impact of Restorative Justice Resolutions on Juvenile Recidivism*，Crime & Delinquency，2007（53）.

［5］Corman，H. & N. Mocan & Carrots，*Sticks and Broken Windows*，Cambridge，Mass：National Bureau of Economic Research，2002.

[6] Carlos Aguirre & Robert Buffington, *Reconstructing Criminality in Latin America*, Wilmington, Del: Scholarly Resources, 2000.

[7] Molly Ivins & Lou Dubose, *Shrub: The Short but Happy Political Life of George W. Bush*, Random House, 2000.

[8] Mellon Allison, *Sentencing White-Collar Offenders: Beyond a One-Dimensional Approach*, South African Journal of Criminal Justice, 2009, 22 (3) .

[9] James Maton, *The UK Bribery Act* 2010, Employee Relations Law Journal, 2010, 36 (3) .

[10] Kathleen F. Brickey, *Corporate and White Collar Crime: Cases and Materials*, Wolters Kluwer Law & Business/Aspen Publishers, 2011.

[11] Zagaris, Bruce, *International White Collar Crime: Cases and Materials*, Cambridge University Press, 2011.

[12] Petter Gottschalk, *Entrepreneurship and Organized Crime: Entrepreneurs in Illegal Business*, International Small Business Journal, 2012, 3 (1) .

代后记

转眼间自己博士毕业已五年有余。入学时的情景犹在昨日，自己却早已告别学生身份，且已然习惯了讲台之上的工作。回顾在北师大与工作后的经历，仍然不免唏嘘，但比刚毕业时多了几分笃定与淡然。在此书成稿的最后时刻，念及过往心中唯有感恩！

时隔五年再次读起自己博士论文的“致谢”，心中五味杂陈。看着略显青涩的文字，读博时的一幕幕往事慢慢浮现。想起了 2013 年 9 月入校报到的那个阳光明媚的早晨，我背着行囊与前来接我的发小一起从北京师范大学正南门走进校园——这所我心中向往已久的学术殿堂（事实上直到毕业也仅有那一次机会从那个大门进入学校）。进入校门映入眼帘的是各院系的迎新服务站，刑科院的标识格外醒目，恩师卢建平教授戴着他喜爱的鸭舌帽坐在遮阳伞下亲切地与新生攀谈，恩师儒雅中透着睿智的气质“圈粉”无数。我为自己有幸能够成为“卢门”弟子感到由衷的自豪和幸福，我的博士求学生涯也就此拉开序幕。

三年半后我从师大毕业，进入河南财经政法大学刑事司法学院工作。从我决定攻读博士到现今在大学任教，恩师卢建平教授对我的帮助不一而足，至少有三次在我人生面临重要抉择或机遇时提供了关键援助，每念及此，感激涕零，无语凝噎。

第一次是我考博失利时恩师及时伸出援手，让我得以绝处逢生。我与恩师卢建平教授结缘于自己攻读硕士学位的南昌大学。时任南昌大学法学院院长的利子平教授——我的另一位恩师——与卢老师是挚友，在我跟随利教授读硕期间他邀请了卢老师赴南昌大学讲学，我也因此初识卢老师。说起来惭愧，虽然当时我已经在攻读法律硕士学位，但在卢老师的讲座上才第一次对“刑事政策”有较为清晰的了解。恩师举止儒雅，谈吐风趣幽默，从容面对学生有意“刁难”的提问，机智应答，赢得满堂喝彩。那时坐在台下激动鼓掌的我从未想过自己有朝一日能够拜入卢老师门下。由于我攻读的法律硕士是两年制，在研一下半年就要为毕业做打算。当我向利教授表露了想要攻读博士的心意后，他当即向我推荐了北师大刑科院和卢老师，我在那时才对刑科院的前世今生有所了解，并深深地为之吸引。可那时的我信心不足，因为一来自己是法律硕士，“先天”不足；二来时间紧张，仓促准备，难免心虚。最终我在考博时选报了自认为难度相对“较小”的北师大刑科院的王志祥教授，然而志祥老师的报考人数第一的人气狠狠地“教育”了自以为是的我。虽然最终我挤进了面试，但我的科研成果和理论基础与其他法学硕士相比过于薄弱，志祥老师没有录取我。就在我心灰意冷，以为读博梦想就此终结时，志祥老师向我提供了一个改变我人生命运的信息：卢老师由于没有录取到心仪的考生而出现了一个调剂名额。这个调剂的机会无疑成了我的“救命稻草”，在我的毛遂自荐和卢导的考察之后，最终我凭借这个宝贵的调剂名额成为卢导名下博士生，我的人生也就此改变。

第二次是我遭遇博士毕业被延期、论文外审受挫等一系列打击时，恩师再次伸出援手，拯救我于水火。回顾我完成博士论文的过程，真可谓一波三折，这其中除了我自己所应做的努力外，恩师的帮助和支持是我论文得以完成的最重要因素。最初在开题答辩的时候，我的论文题目就遭到答辩组老师们的质疑，而恩师坚定地认为该题目具有重要的理论与实践价值，是值得研究的问题和领域，鼓励我继续该题目的研究。半年之前，我在第一次博士论文预答辩中铩羽而归，看着同学们都已开始准备庆祝博士毕业，我心如刀绞又万分羞愧。在我遭遇人生最大挫折的时候，正是恩师对我的坚定支持、耐心教导和贴心关怀，帮助我重塑信心、走出失落，我才有勇气继续学业，最终完成博士论文。在延期毕业的半年里，恩师时常关心我的论文进度，不断地鼓励我、帮助我，我也因此一步步走出失败的阴霾，继续论文的写作和研究，最终完成论文。然而祸不单行，在我顺利通过了第二次预答辩之后，却又在外审环节出了问题，三份外审意见中有一份是不同意答辩！在这紧要关头，又是恩师对我施以援手，力挺我申请增评，最终通过增评进入正式答辩环节。现在讲来不过寥寥数语，但在等待增评结果期间，是恩师的支持和鼓励给了我信心和勇气熬过那短暂又漫长的两个星期，不然后果不堪设想。恩师对我有再造之恩，刻骨铭心，没齿难忘。

第三次是在我面临工作机会的选择犹豫不决、瞻前顾后时，恩师的一句话为我指点迷津。当我刚刚在恩师的帮助下最终通过毕业论文答辩后，还来不及仔细品味取得梦寐以求的博士学位的喜悦，就开始为毕业后的去向发愁。在面对是留在北京从事博士后工作还是回到家乡河南开启教师职业生涯的抉择时，是恩师的指点让我最终决定返回家乡。虽然人生不能假设，但如果当初我选择留在北京，我的人生一定与现在大不同，而我也不会遇见我的妻子、朋友等那些深爱我、支持我的人，正因为他们的存在，我永远不会后悔当初的选择，也永远感谢恩师帮助我做出当初的选择。

感谢我的培养单位北京师范大学刑事法律科学研究院及院长赵秉志教授。在赵院长的英明领导下，刑科院为莘莘学子提供了优质的学习环境和学术氛围，让每一名学生都能在领略大家风范的同时自由发展，还有诸多与国外先进法律院校和知名学者近距离接触的机会，让刑科院的学生能够与国际接轨，时刻把握世界刑事法律科学研究的潮流动向。

感谢我的博士课程授课老师高铭暄教授、储槐植教授、刘志伟教授、张远煌教授、吴宗宪教授、王志祥教授、黄风教授、王秀梅教授、阴建峰教授，他们的谆谆教诲和言传身教让我如沐春风、终身受益。高老先生和储老先生老当益壮，是所有刑法学人的楷模。感谢我的班主任赵书鸿老师，在入校初期，是他帮助我迅速熟悉学校环境，融入刑科院大家庭，支持我竞选班长并最终当选，对我班长的工作给予了许多指导和帮助。感谢刑科院的彭新林老师、郭雅婷老师、王敏茜老师、付佳老师和徐啸宇老师，在我读博期间他们对我的学习和生活给予了诸多帮助。感谢我的硕士导师利子平教授。虽然我从本科时起就对刑法感兴趣，但利老师是我刑法学术研究的真正领路人。由于我攻读的是两年制的法律硕士学位，要在短短两年里既完成硕士论文，又准备考博，没有利老师的帮助根本无法实现。在进入北师大刑科院博士考试的面试阶段后，利老师专门向赵院长和卢教授推荐了我，对我最终得以被录取起了关键作用。

感谢我的同班同学丁华宇、王志强、陈学勇、叶萍、阿不都米吉提乌买尔、龙在飞、黄云波、曹东方、田旭、李梅容、宋久华、邵超、赵远、王帅、商浩文、潘文博、徐文文，在三年的同学生涯里，我们在学习上进行了很多有益的交流，他们的思想给予了我许多启发，对我完成论文大有裨益；特别感谢丁华宇、黄云波、田旭、王帅同学，他们的幽默和活力为枯燥的学习生活增添了许多色彩。感谢我的同门师兄刘传稿老师和姜瀛老师，他们向我传授了很多在北师大的学习与生活经验，为我迅速熟悉和适应博士生活提供了很多帮助。感谢我的同门师弟孙本雄和师妹皮婧靖、丁珈，以及法学院师弟李强同学，他们在我需要帮助的时候总是能够伸出援手，从未抱怨，感谢他们的付出。

最后，我要感谢我的父母，是他们将我带到这个世上，并含辛茹苦地将我抚养成人，在别人家的孩子都已经结婚生子的时候依然义无反顾地支持我攻读博士学位，在我遭受挫折的时候依然坚定地支持我、鼓励我；感谢我的父母，赐给了我健康的体魄、聪慧的头脑；感谢我的父母，用工人阶级朴素的道德观点，培养了我正直、忠诚和艰苦奋斗的品质。传统的中式家庭教育，让我在对父母表达自己的感情方面一直羞于启齿，但是我在这里必须要说：爸爸、妈妈，我爱你们。感谢我的姐姐，虽然小时候经常争执拌嘴，但我知道你一直在默默地支持着我，我爱你，我的姐姐。祝愿你们在未来的日子里身体健康、幸福快乐！

2022 年 5 月 10 日

于郑州龙子湖